原来唐朝人这样生活

赵悦辉 著

漓江出版社

·桂林·

图书在版编目（CIP）数据

原来唐朝人这样生活 / 赵悦辉著 . — 桂林：
漓江出版社 , 2022.8
ISBN 978-7-5407-9249-7

Ⅰ . ①原… Ⅱ . ①赵… Ⅲ . ①中国历史—唐代—通俗
读物 Ⅳ . ① K242.09

中国版本图书馆 CIP 数据核字 (2022) 第 081283 号

原来唐朝人这样生活
YUANLAI TANGCHAOREN ZHEYANG SHENGHUO

作　　者　赵悦辉

出 版 人　刘迪才
出版统筹　文龙玉
策划组稿　俞方远
特约策划　三得文化
责任编辑　宗珊珊
助理编辑　肖　霞
营销编辑　杜　渝
装帧设计　仙　境
责任监印　黄菲菲

出版发行　漓江出版社有限公司
社　　址　广西桂林市南环路 22 号
邮　　编　541002
发行电话　010-65699511　0773-2583322
传　　真　010-85891290　0773-2582200
邮购热线　0773-2582200
电子信箱　ljcbs@163.com
网　　址　www.lijiangbooks.com
微信公众号　lijiangpress

印　　制　运河（唐山）印务有限公司
开　　本　710 mm × 1000 mm　1/16
印　　张　17
字　　数　180 千字
版　　次　2022 年 8 月第 1 版
印　　次　2022 年 8 月第 1 次印刷
书　　号　ISBN 978-7-5407-9249-7
定　　价　52.00 元

◆◆ 唐·张萱《虢国夫人游春图》

◆◆ 唐·李昭道《明皇幸蜀图》

◆◆ 唐·周昉《挥扇仕女图》

◆ 唐·阎立本《步辇图》

◆ 唐·阎立本 《职贡图》（局部）

◆◆ 唐·吴道子《送子天王图》（局部）

◆◆ 唐·周昉《调琴啜茗图》（局部）

◆◆ 唐·李昭道《龙舟竞渡图》（宋摹本）

◆◆ 唐三彩雕像

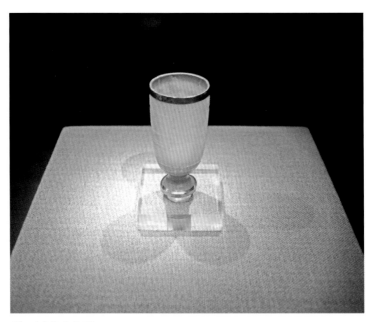

◆◆ 唐高脚玛瑙玉杯

序 言

一缕朝晖，一阵闹铃，一杯牛奶，开启一天的拼搏。一道晚霞，一杯咖啡，一段音乐，结束一天的疲惫。

现在这个时代是科技发达的时代，是飞速前进的时代，我们的生活离不开科技，处处都有科技的影子，我们享受着科技带来的愉悦生活。

吃，有烤箱、榨汁机、多功能锅等烹饪工具。

穿，有兔子形状的帽子，有一踩就亮、带着灯的鞋子，有暖和的羽绒服……

住，有高楼大厦，有入户电梯……

行，有公交车、出租车、火车、飞机……找不到路可以用手机地图导航，消遣和娱乐有手机、电脑上的各种游戏，也可以看各种节目、听各种各样的音乐。如果一个人待久了也可以去参加聚会。当然想随便走走，城市里的人可以去各种公园。乡村有着迷人的田野风光，还有各种农家乐，也吸引了大部分城市里的人。

空调，解决人们的冷热问题。还有冰箱，解决食物贮存的问题。手机，能够瞬间联系到千万里之外的人。

现在的人没有了电子产品，可能不到一周就会无聊至"疾"。那么在那个被称为唐朝的时代，在没有科技电子产品的时代，唐朝人又是如何度日的呢？他们的日子是否过得很精彩呢？

想知道答案，穿越回去是不现实的，但是读一本有关唐朝人日常生活的书却能使历史触手可及。

读完这本书，你会知道唐朝人的饮食习惯，知道唐朝人的烹饪方式，还会知道唐朝的女子是不是真的像电视剧里演的那样衣着暴露，知道唐僧的西天取经在程序上是不是正规的，知道唐朝的房价是多少，知道在那个没有导航的年代，大家是怎么辨别方向的……这本书，将解答你对唐朝日常生活的很多疑惑。读了这本书，希望你能做一个既真实又虚幻的大唐梦。

我一直相信写书和出书是一种缘分，急不得，盼不得。这是我第一本从长春写到北京的书。因为母亲的病，书稿写得忐忐忑忑，合同签得犹豫不决，创作也是紧赶慢赶。

而这本书几经周折得以出版，可以见得我和它的缘分，它也是我的福音。

最后，感谢为出版本书做出努力的所有人，谢谢你们给予的帮助和对这本书内容的喜爱。

希望读完这本书的你有所得，有所思。

赵悦辉

2022 年·长春

目　录

第一章 / 每日逐加餐，佳食不思肉

面食和米食，唐朝人更爱哪一个　　　　　002

牛肉、羊肉哪个更普遍　　　　　006

在唐朝，哪些绿色蔬菜可以吃　　　　　010

炒菜、煮菜和拌菜，谁是王者　　　　　014

唐朝都有什么酒　　　　　018

唐朝人可以吃到哪些甜食　　　　　022

相聚常有，火锅是否可以有　　　　　027

唐朝有食堂吗　　　　　031

唐朝人一天要吃几顿饭　　　　　035

唐朝人喝茶有什么讲究　　　　　038

唐朝的餐具是什么样子的　　　　　041

第二章 / 仙袂霓裳，羽衣飞舞

出门在外，唐朝女子穿什么衣服呢　　046

不同身份的人，穿衣服有什么讲究　　051

唐朝男子穿什么衣服出门呢　　055

女为悦己者容，唐朝女子出门前化妆攻略　　059

唐朝有洋装吗　　064

女扮男装是少见还是常见　　067

唐朝女装真的暴露吗　　071

唐朝皇帝都穿什么衣服　　075

第三章 / 危楼百尺，高阁逼天

唐朝官员也会蜗居吗　　080

建筑大气，威震四方　　083

买一套房子需要多少钱　　087

唐朝的屋顶都长什么样　　091

家里可以摆放哪些家具呢　　095

唐朝租房贵吗　　099

房屋有哪些类型　　102

唐朝人是如何买房的　　107

唐朝的房子也有等级之分吗　　111

唐代住房有什么忌讳　　115

第四章 / 千里江陵，浮生半日

唐朝都有哪些出行方式　　　　　　　　120

没有快递，怎么邮寄　　　　　　　　　123

春游去哪里　　　　　　　　　　　　　127

没有导航，如何知道路　　　　　　　　131

唐朝人出国容易吗　　　　　　　　　　135

唐朝人出行要注意什么　　　　　　　　139

唐朝的旅馆什么样　　　　　　　　　　143

唐朝人有说走就走的旅行吗　　　　　　146

唐朝文人为什么喜爱旅游　　　　　　　149

第五章 / 亲朋有孤稚，婚姻有办营

没有结婚证，怎么证明婚姻的合法性　　154

唐朝人成亲，几时为吉时　　　　　　　158

唐朝人办喜事需要准备什么　　　　　　162

唐朝男人都可以三妻四妾吗　　　　　　166

三观不合，如何离婚　　　　　　　　　170

唐朝女子改嫁有什么讲究　　　　　　　174

到了年龄，找不到婆家怎么办　　　　　177

为什么没人愿意做驸马　　　　　　　　180

第六章 / 昏昏欲醉，人间百态

诞辰之日，如何庆祝 186

元宵节有花灯看没汤圆吃 190

春节，长安城里最欢乐 194

在唐朝如何不被蚊子咬 199

没有雪糕怎么解暑 203

唐朝晚上有夜市吗 207

呱呱坠地，起名不易 211

没有身份证怎么证明身份 215

唐朝的丧葬礼仪制度 218

守孝期间不能做什么 222

第七章 / 年头年尾，皆有风景

挣了钱，缴多少税 226

钱是什么样子的 230

唐朝人如何知道时间 234

钱可以存在哪里 237

科举考试有多难 242

唐朝男子二十岁会发生什么 246

考上科举的生活有多美 250

关于上学堂这件事 254

第一章

佳食不思肉 每日逐加餐，

面食和米食，唐朝人更爱哪一个

民以食为天，关于唐朝，首先来说说食物。如果你是一个大唐子民，走在长安的美食街上，你会看到哪些美食呢？

唐朝和现在一样，大街上就有卖食物的小贩，市集热闹非凡，人声鼎沸。各种食物的香味扑鼻而来，这边有小笼包，那边有盖浇饭……不管你是喜欢吃米食还是面食，大唐的市集都可以满足你的需求。

说到面食，很多人首先想到的会是水饺或者面条。但如果你在大唐的市集上找一个人问在哪里能买到水饺，十分抱歉，没有一个人能给你答案，对方还会被你问得一头雾水。因为水饺在大唐根本就不叫水饺，而叫偃月形馄饨。

是不是听着很别扭、很绕口？没办法，喜欢吃水饺的人就要记住了，要不然吃不到水饺哦！

说到水饺，就又想起馄饨，要是回到唐朝，则不要担心馄饨会有一个复杂的名字，在唐朝，馄饨就叫馄饨。

如果你喜欢吃馄饨，可能会有良心商家告诉你一个秘密，在长安，最好吃的馄饨是位于颁政坊的萧家馄饨。不过，颁政坊在朱雀门街的西面第三街，距离长安最热闹的东西市有点儿远。

面食除了饺子、馄饨还有饼类。在唐朝，所有与面食有关的食物都可以叫"饼"。在水里煮过的面食属于汤饼类，例如面条、面皮、面片、面疙瘩等都属于汤饼。夏天当然要吃冷面啦。要记住，唐朝的冷面叫槐叶冷淘，千万不要小看这种面，这可是诗圣杜甫的最爱。[①]

唐朝美食街的面食类是汤饼、蒸饼和胡饼三"饼"鼎立。

胡饼，顾名思义，就是胡人吃的饼。的确，胡饼是从西域传来的。不同级别的人吃不同种类的胡饼。穷人家吃的胡饼是没有馅儿的，他们只会在胡饼上撒一点儿胡麻（芝麻），又叫胡麻饼；富贵人家就会吃带肉馅儿的胡麻饼。再偷偷告诉你，想在唐朝的长安吃胡饼，就去辅兴坊，点上一个豪华版胡饼，两块饼之间夹上羊肉、花椒、豆豉等，然后放在炉子上烤，香味四溢，闻到这个味道就让人流口水。

---

① 见杜甫诗《槐叶冷淘》。

不要吃得太急，别忘了还有蒸饼呢。唐朝的蒸饼不是字面意思的蒸出来的饼，而是指现在的馒头。唐朝的馒头一般是祭祀用，不是用来吃的。不过另一类蒸饼——包子倒是用来吃的。

另外，唐朝的馒头还有很多称谓，比如曼头、笼饼，是不是很特别？一定要记住这些奇怪的名字，不要被长安人说糊涂了，或者被问蒙了。

说完面食，再来说说米食。

其实，一个地方吃米食还是面食不仅取决于个人习惯，也和区域内粮食的品种和产量有关。

唐朝时期南北的大米产量是很悬殊的，为了让各地人民都能丰衣足食，唐朝中央政府会组织人把南方的大米运到北方，所以，在长安的小吃街上吃到米饭和面食都是有可能的。

小吃街的米饭主要有三种：粟米饭、稻米饭、黍米饭。粟米就是今天的小米，稻米就是大米，黍米就是稷米（又称糜子米、糯秫、糯粟）。还有一些配角，例如黄粱、青粱、白粱米，薏仁米，大麦、小麦等。

现在商家做的黄焖鸡米饭、鸡排饭用的都是大米饭。但是，唐朝不是这样，你要是想点一个菜，配的都是粟米饭。大米饭不是有钱就能买到的，只有唐朝官员家才有。你可以去官员家做客，记住，一定要找一个风评大方的官员，遇到吝啬的官员，你吃的还是粟米。

米饭和粥情同手足，说了米饭就不得不说粥。唐朝有桃花粥、杨花粥、茗粥、防风粥、地黄粥、云母粥、胡麻粥、杏仁粥、大麦粥等。

唐朝的时候大多数粥是冷粥，在寒食节食用，不太好吃，有人要是想喝粥要自己再加热。

> 冷食方多病，开襟一忻然。
>
> 终令思故郡，烟火满晴川。
>
> 杏粥犹堪食，榆羹已稍煎。
>
> 唯恨乖亲燕，坐度此芳年。

这首诗是唐代诗人韦应物的《清明日忆诸弟》。全诗关联两个节日——寒食节和清明节。寒食节在清明节的前一两天。寒食节禁止烟火，要吃冷食。人们在过寒食节之前会准备一些食物，杏仁粥就是其中的一种。

在这首诗中，诗人表示前两天寒食节吃了很多冷的食物，导致身体不舒服。终于到了清明节，不用再吃冷食，他的心情十分愉悦。前几天寒食节剩下的杏仁粥可以热一热接着吃，顺便把榆荚和榆面煮成的羹也放在炉子上加热，一会儿一起吃。看似一切圆满，只是衣食无忧心孤独，如果此刻在家就更加完美了。

从诗中可以看出，寒食节吃冷食这个传统实在让人吃不消，过个节可能还会腹泻一次，毕竟清明节的时候天气还不暖和。还好现在很多地方都不过寒食节了，否则很多人的胃都要遭罪！

牛肉、羊肉哪个更普遍

　　很多人喜欢夏天，因为他们喜欢在夏天的晚上吃露天烧烤。吹着凉爽的晚风，跷着二郎腿，再来一杯冰镇西瓜汁，点上羊肉串、牛肉串、牛心管、猪肉皮、烤大虾……烤串的诱惑，简直让人无法抵抗！如果你认为唐朝还没有烧烤可以吃，那就大错特错了。唐朝是有烧烤的，只不过不是所有人都能吃得上，吃的样式和环境也不同。而且你也不要以为烧烤是从唐朝才开始有的，早在石器时代，就有人用火烤食物了。烧烤是历史上最早的烹饪方式，只是佐料没有现在这么丰富，烤的食物种类没有现在这么多罢了。

　　唐朝时期，大多数上流社会的人都崇尚胡风，在饮食上从胡人那里引进了烹饪方式——炙。因为唐朝时期的字典里还没有"烤"这个字，所以不叫烧烤。至于"烤"这个字，说出来你可能不信，据说是著名画家齐白石发明出来的。

在唐朝，烧烤食物是可以给人治病的。例如鳗鲡鱼炙、野猪肉炙、炙鸲鹆、鸳鸯炙属于药膳，可以治疗痔疮及其并发症。

不要高兴得太早，虽然你可以吃到烤羊肉串，但是，要吃到牛肉串就没有那么容易了，这是为什么呢？

唐朝时期，牛是用来干活的，是一个家庭的主要劳动力。在百姓的心中，牛是神圣的。唐朝官府也有明文规定，不允许随意杀牛。凡是故意杀死官私马牛的，处徒刑一年半。主人自己杀自己的马牛，处徒刑一年；如属误杀的，不予追究。

然而，越是不让做的事情越是会引诱人去做，官府越不让老百姓吃牛肉，就越有人想要尝尝牛肉的滋味。所以，很多胆大的人偷偷杀牛，然后把牛肉拿到集市上去卖。牛肉的价格远远高于羊肉和猪肉，卖牛肉是一个暴利的行业。

在唐朝，人们杀牛也不是完全不可以，如果牛病了、残疾了，还是可以层层上报或者偷偷宰了的。李白有诗句："烹羊宰牛且为乐，会须一饮三百杯。"能把"烹羊宰牛"这么明目张胆地写出来，可见当时官府对于宰牛一事并没有监管得太严格，否则一心想进入朝廷做官的李白怎么会公然与官府作对。

说完了牛肉，再来说一下羊肉吧！如果说唐朝人吃牛肉是追求刺激，玩的是心跳，那么吃羊肉就是为了享受。

在唐朝，羊肉的生产数量多，价格便宜，几乎所有老百姓都能吃得起羊肉，他们也都爱吃羊肉。而且相对于牛肉来说，羊肉的吃法更多些。

唐朝人春天吃酱羊肉，夏天吃冷羊肉，秋天吃烤羊肉，冬天喝羊肉汤，可以说是一年四季都离不开羊肉。

羊肉最有名的吃法是古楼子。把一斤羊肉馅平摊在胡饼上，然后放在火上烤，很快就会传出浓郁的香味。

还有冷修羊，吃之前没有香味，但是吃起来特别香，百姓烀好羊肉之后将羊肉切成片，等到羊肉冷却之后食用。冷修羊是武则天的最爱，她把羊肉当作大礼赐给张昌宗，并附上：珍郎杀身以奉国。把羊说成珍郎，由此可见武则天对羊肉的喜爱。

另一位爱吃羊肉的人是同昌公主。同昌公主喜欢吃灵消炙。有人会问："'灵消炙'这三个字里面也没有'羊'字，怎么知道吃的是羊肉呢？"在这里就不要咬文嚼字了，灵消炙和当代的很多菜名一样，只是一个名字，就像饭店里的夫妻肺片，菜本身和"夫妻""肺"并没有多大关系。前面提到"炙"是烤的意思，从中得知灵消炙这道菜中羊肉是需要烤的。烤羊肉的时候需要特殊的加工处理，烤完之后就可以保存起来，而且这道菜受温度的影响很小，即使是炎热的夏天也不会变质。

除了灵消炙，还有升平炙、逍遥炙、红羊枝杖等，都是非常受欢迎的羊肉吃法。其中，红羊枝杖就是今天的烤全羊。如果你回到唐朝，一定要吃上一顿，对比一下，当代的烤全羊和唐朝的烤全羊哪个更美味。

▶ **小知识**

> 牛吒吒，田确确，旱块敲牛蹄趵趵，种得官仓珠颗谷。六十年来兵簇簇，月月食粮车辘辘。一日官军收海服，驱牛驾车食牛肉。归来收得牛两角，重铸锄犁作斤劚。姑春妇担去输官，输官不足归卖屋。愿官早胜仇早覆，农死有儿牛有犊，誓不遣官军粮不足。

这首诗是唐代诗人、文学家元稹的《田家词》。在这首诗中，元稹细致地描写了唐朝时期一头牛悲惨的一生。牛在田地里辛苦劳作，累到气喘吁吁，依然得不到歇息，后面的农民还在一边抱怨，一边鞭打它。

农民辛苦劳累了一年，最后将粮食、车、牛都给了官兵。因为唐朝打仗时用的是马，所以，牛的命运只能是被宰杀。官兵吃了牛肉，把牛角还给农民。唐朝官府规定不允许吃牛肉，可这些官兵敢明目张胆地杀牛、吃牛肉，由此可见，唐朝在牛肉管制这方面并不是十分严格。

在唐朝，哪些绿色蔬菜可以吃

看电视剧《虎妈猫爸》时，我印象最深刻的一个情节就是，饭桌上女儿茜茜一直吃肉，妈妈毕胜男看女儿不吃蔬菜很生气，她直接对茜茜说，要是一直不吃蔬菜就不许吃饭了。茜茜也不高兴地放下筷子，说不吃就不吃。

这个场景你是不是似曾相识？对于一些喜欢挑食的孩子来说，有些蔬菜实在是难以下咽。不过，蔬菜是很有营养的。因此，不吃蔬菜的孩子一定会被长辈批评教育。可如果你回到了唐朝，你的挑食却能得到很多人的谅解。

但不要高兴得太早，有人谅解你不是因为唐朝的父母更加善解人意，而是因为在唐朝时期，做菜没有充足的调料，也没有网络共享美食攻略。因此，很多蔬菜做成的菜都不好吃。那么，唐朝都有哪些蔬菜呢？

唐朝之前有的蔬菜，唐朝自然也有。如果有人问你先秦有什么蔬菜，你可能会一头雾水，不过说到一句诗，你立刻就知道了："参差荇菜，左右采之。"

荇菜是一种蔬菜，它是一种水生植物。看到这儿有人想了，那不就跟荷叶一样，人能吃吗？

荇菜不仅可以吃，还有清热解毒的疗效。先秦的人可能不知道荇菜的疗效，不然跟自己的心上人说"看见你，我就想到清热解毒的荇菜"，岂不是很搞笑？

《诗经》里的蔬菜不少，除了"参差荇菜，左右采之"，还有"采葑采菲，无以下体"。这一句诗很少有人知道，所以也不知道"葑"这种食物，其实"葑"就是蔓菁。

看到这里，你是不是觉得唐朝人的日子过得有些清贫？那来说一下有钱人家吃的蔬菜吧。

竹笋是唐朝人较为喜爱的一种蔬菜，并且是一种很有排面的菜。刘长卿在《过鹦鹉洲王处士别业》中这样写道："问人寻野笋，留客馈家蔬。"意思是到山上去挖竹笋，然后款待贵客。

和竹笋一样可以用来款待贵客的还有葵，葵叶可以评为人们最喜爱的蔬菜之一，在很多诗人的诗中都可以见到。例如王维的"山中习静观朝槿，松下清斋折露葵"，李峤的"倾心比葵藿，朝夕奉光曦"，唐太宗李世民的"还当葵藿志，倾叶自相依"。

除了竹笋和葵，唐朝还有野葱、大白菜、蒜、扁豆等蔬菜，不过西红柿、洋葱、土豆这些是唐朝没有的。

也有一些蔬菜唐朝以前就有，只是现在改了名字而已，例如"菲"这种蔬菜，其实就是今天的大萝卜。

唐朝还有一些野菜，比如莼菜、蕨类、芥菜、睡菜、水韭、苦菜、堇菜、鼠耳、金盘草、孟娘菜、四叶菜等。这些野菜十分廉价，多是普通百姓的家常菜。

唐朝和很多番邦的关系都很好，在外交过程中，唐朝引进了许多蔬菜，例如来自天竺（今印度）的刀豆、尼波罗（今尼泊尔附近）的菠菜等。一般从西域引进的食物都带有"胡"字，比如来自波斯（今伊朗）的胡瓜就是今天的黄瓜。

▶ 小知识

人生不相见，动如参与商。今夕复何夕，共此灯烛光。

少壮能几时，鬓发各已苍。访旧半为鬼，惊呼热中肠。

焉知二十载，重上君子堂。昔别君未婚，儿女忽成行。

怡然敬父执，问我来何方。问答乃未已，驱儿罗酒浆。

夜雨剪春韭，新炊间黄粱。主称会面难，一举累十觞。

十觞亦不醉，感子故意长。明日隔山岳，世事两茫茫。

这首诗是杜甫的《赠卫八处士》。诗中描写杜甫和自己的朋友久别重逢，两个人感慨良多，杜甫十分高兴。其中"夜雨剪春韭，新炊间黄粱"中的"春韭"指的就是现在的韭菜。

有人会想，久别重逢，朋友就给杜甫吃韭菜，都没有一盘肉，未免太小气了。大家要求不要太高了，虽然现在韭菜很平常、很便宜，但是在当时，能拿出韭菜待客已经是非常不错的款待了。

炒菜、煮菜和拌菜，谁是王者

"民以食为天"这句话已经流传了上千年，关于吃的俗语更是数不胜数，很多人随口都能说出几个，像是"人是铁，饭是钢，一顿不吃饿得慌""吃饭多喝汤，老了不受伤""吃着盐和米，就得讲情理"。

中华上下几千年的历史，有些文化已失传，可是关于吃的文化从未间断，一直在流传，并且常有创新。

很多古代人也都秉承着世界上唯有美食和爱不可辜负的类似理念，让日常生活更加鲜明、有趣。

在大家的印象中，杜甫的生活是很穷困潦倒的，如果说李白在唐朝诗人中是洒脱的代表，那么杜甫就是苦情的代表。事实上，杜甫出身名门世家，虽然成年之后的日子的确不怎么样，但是，他的童年生活是十分幸福快乐的。

杜甫生长在官宦之家，自然是颇有见识的，夸张地说，不管是山珍海味，还是龙肝凤胆，他都吃过。杜甫还在《阌乡姜七少府设脍戏赠长歌》中描写过受人邀请前去赴宴吃生鱼片的场景。想不到，一贫如洗的杜甫还有这么时尚奢侈的时候。

姜侯设脍当严冬，昨日今日皆天风。

河冻未渔不易得，凿冰恐侵河伯宫。

饔人受鱼鲛人手，洗鱼磨刀鱼眼红。

无声细下飞碎雪，有骨已剁觜春葱。

偏劝腹腴愧年少，软炊香饭缘老翁。

落砧何曾白纸湿，放箸未觉金盘空。

……

瞧瞧，这场景描写得多细致。诗中时令是冬天，河面结冰，诗人很臭美地说这时候的鱼不容易得到啊（"河冻未渔不易得"），最后捕鱼者好不容易捞上来一条。很难想象，杜甫有这么调皮的一首诗吧！

抓到鱼了，厨师就开始收拾准备。洗鱼、磨刀、切鱼、去骨，整个过程热热闹闹，十分欢乐。

有人想，唐朝就有生鱼片了吗？是的，而且生鱼片的吃法非常精致，也正是在唐朝时生鱼片流入日本。

当然，唐朝的时候并不是很多食物都是生吃的，已经有了很多种烹饪方式。那么在唐朝，一道菜到底有几种烹饪方法呢？

原始社会，人们都是野食，在野外把食物放在火上烤，经过几千年，发展成现代社会的烧烤。

后来有了鼎，人们又多了一种吃饭的方式。他们把食物和水放在鼎里，再把鼎放在火上，就有了"烹煮"。

在所有职业当中，吃货们最佩服的应该是厨师。同样一种食材，厨师使用不同的烹饪方式和不同的调料，就能够做出各种菜品，而且都那么好吃。一盘牛肉，既可以做出孜然牛肉，也可以做出土豆炖牛腩，还能做出酱牛肉，每一道菜都色香味俱全，让人垂涎三尺。

在当代社会，炒、煮、拌这三种烹饪方式十分常见，几乎每个人都能随口说出一道炒菜、煮菜或者拌菜：番茄炒鸡蛋、水煮肉片、皮蛋拌豆腐……不过在一千多年前的唐朝，这三种烹饪方式的使用可不是那么常见的。

事实上，在唐朝经常使用的烹饪方式是烤、蒸和水煮。现在常见的炒菜在唐朝是非常少见的，这是为什么呢？

第一，唐朝没有那么多的铁锅。炒菜得用铁锅炒，在唐朝时，钢铁铸造技术并不是十分成熟，还没有做到家家有铁锅。物以稀为贵，所以，炒菜多数出现在达官显贵的人家。

第二，油料不足。会做饭的人都知道，做菜的油和调料是非常重要的。唐朝时，并没有大量的食物油可使用，种类也没有很多，无论是动物油，还是植物油，都非常少。

第三，食材的种类有限。宋朝之前，百姓的食物多数以肉食为主，有羊肉、猪肉、鸡肉等，唐朝人通常采用"炙"的方式制作肉食，也就是烤，所以炒菜吃的就少。

小知识

> 三日入厨下，洗手作羹汤。
>
> 未谙姑食性，先遣小姑尝。

这首诗是唐代诗人王建的《新嫁娘词·其三》。每一个刚刚嫁入婆家的新娘都希望能够给自己的公公婆婆留下一个好印象：勤劳、贤良、顾家，上得厅堂下得厨房。所以，一个女孩儿嫁入婆家三天便开始下厨，洗好手给公公婆婆做一道羹汤。因为不知道自己做的菜是否符合公公婆婆的口味，就让小姑子先尝尝。由此可见，唐朝时人们常采用的做菜方式是煮菜，也可以说是做汤。刚过门的新娘子不晓得公公婆婆的口味，所以第一选择就是最普遍的羹汤。

唐朝都有什么酒

若问最受唐朝人喜爱的饮品是什么，答案一定是酒。他们开心要喝酒，忧伤要喝酒，重逢要喝酒，分别要喝酒，年轻时喝酒，老了还要喝酒。

在唐朝，喜爱喝酒的人不分年龄、不问职业。豪放不羁的李白爱喝酒，穷困潦倒的杜甫爱喝酒，缠绵悱恻的李商隐爱喝酒。酒的受欢迎程度已经远远超过了茶。

诗句"李白斗酒诗百篇"大家都听过。普及一个小知识，唐朝用的都是小斗，一斗的容量大约是 2 升。李白怎么能喝这么多酒呢，而且喝完还能作诗？

首先，唐朝的酒的度数并不高，不然怎么会有诗人写出"烹羊宰牛且为乐，会须一饮三百杯""相逢且快眼前事，莫厌狂歌酒百杯"等诗句。度数高，人早就喝没了。在唐朝，普通的酒也就几度，好的酒能达到十多度。就像今天的啤酒，喝三四瓶，真不算是什么海量。

唐朝的酒为什么度数这么低呢？其实和酿酒技术有关。

唐朝的酿酒技术已经有多种，多数都是采用简单发酵的方法，将米、水、酒曲按照一定比例混合放在瓮中密封，让它们自然发酵。

这样酿出来的酒称为浊酒。对，就是"浊酒一杯家万里"的浊酒。顾名思义，浊酒是有些浑浊的。有时候浊酒看上去还有些发绿，是的，你没听错，就是绿色的酒。因此，写出"千杯绿酒何辞醉"的李白没写错，成语"灯红酒绿"也没有问题。

唐朝的酒和现在酒的味道不一样。现在人喝酒第一感觉是辣，可唐朝的酒却是甜的。不敢相信吧！那来看看那些喝完酒的诗人是怎么描述的：高骈说"花枝如火酒如饧，正好狂歌醉复醒"，刘禹锡说"湖鱼香胜肉，官酒重于饧"，白居易说"米价贱如土，酒味浓于饧"。

看到这里有人就说了，他们没说酒甜啊，说的都是"饧"。其实，在唐朝，饧是一种熬制的糖稀，代表的就是甜味，和饧类似的还有饴，甘之如饴的"饴"。酒是甜的，难怪那些诗人那么喜欢喝酒，就像现在的饮料，有几个人不爱呢？

甜的酒，真想尝尝。如果回到了唐朝，只能喝到浊酒吗？当然不是，唐朝的酒有很多种，浊酒只是其中一种，而且是最廉价、最普通的那种。

其实古代和现代差不多，酿酒的程序越多，过程越复杂，用料越讲究，酿出来的酒就会越好。有的会多次过滤，有的将发酵的原料进行熬制，会制取到不同度数质量较高的酒。

除了浊酒，在唐朝还可以喝到其他相对高级的酒，如黄醅酒和葡萄酒。

黄醅酒就是黄色的酒。如果在酿酒时采用高级的酒曲——红曲，那么酒在瓮中会发酵得更好。红曲中含有红曲霉素，是一种食品添加剂，它会让酒更加纯净，颜色会从红色变成黄色，唐朝人习惯称为琥珀色。白居易就曾喝过黄醅酒，还在《尝黄醅新酎忆微之》一诗中写道："世间好物黄醅酒，天下闲人白侍郎。"

相比黄醅酒，葡萄酒大家就很熟悉了，毕竟小时候就背过"葡萄美酒夜光杯，欲饮琵琶马上催"。其实早在汉朝葡萄酒就传入中国了，那时候葡萄酒很贵。唐朝的时候，因为大唐军队攻破了高昌，所以唐朝人就学习到了葡萄酒的酿造技术，葡萄酒得到了进一步推广，但还是很贵，普通百姓喝不起。

别人喝不起，李白肯定喝得起，他可是没做官都有钱游遍全国的人。李白不仅喝了葡萄酒，还用"蒲萄酒，金叵罗，吴姬十五细马驮"来形容美酒金杯，美人神曲。

小知识

> 主人不相识，偶坐为林泉。
>
> 莫谩愁沽酒，囊中自有钱。

这首诗是唐代诗人、书法家贺知章的《题袁氏别业》。贺知章生性豁达、为人潇洒，爱好饮酒，花钱为饮酒，高兴因饮酒，因钱袋有钱买酒而自信。

在唐朝能得到酒的地方分为三类：官酒坊、私人酿酒坊、自家酿酒。为了让皇上喝到好酒，长安城里有许多精英酿酒师，这些酿酒师相互交流、取长补短，让酿酒技术得到了提高和发展。

很多地方也酿出了名酒，比如宜城九酝、郢州富水、岭南灵溪、剑南烧春、河中桑落、乌程若下、河东乾和葡萄酒等。若你回到唐朝，一定要去畅饮一番，放歌纵酒，青春作伴，还可与李白这些大诗人偶遇哦。

唐朝人可以吃到哪些甜食

很多女生喜欢过夏天，但也会有一些困扰。虽然能够穿漂亮的裙子，但是也意味着会暴露身材。女生们担心变胖，连吃饭都得小心翼翼，不敢吃大鱼大肉，只能吃蔬菜沙拉，甚至还得加上跑步、瑜伽，总之是一言难尽。

没办法，在21世纪，很多人以瘦为美。如果我们能够生在唐朝那个以胖为美的时代，或许就不用担心身体长肉了。

但是，在这里我需要纠正一点，唐朝不是从建立到灭亡都以胖为美的，而是经历了一个审美转变的过程。在唐朝建立之初，唐朝人是以瘦为美的，后来随着国家越来越繁荣昌盛，唐朝人也逐渐崇尚以胖为美。安史之乱之后，唐朝人又以瘦为美。

那么，为什么唐朝会形成以胖为美这样的审美趋向呢？首先，因为在唐玄宗时期，唐朝的经济发展得非常好，可以说达到了唐朝的鼎盛时期，老百姓的日子过得好，自然心宽体胖了。

其次，唐朝的统治阶级的审美观发生了转变。据说武则天、杨贵妃都是身材丰满的女子。上行下效，唐朝高层的人以胖为美，下面的人自然也以胖为美了。

最后，唐朝开国皇帝李渊的母亲、唐太宗李世民的母亲皆为鲜卑后裔，她们相信健硕的体魄能保家卫国，健壮才是鲜卑人的样子。

就连唐朝人最喜欢的花都是饱满硕大的牡丹，再看看唐朝人养的骏马也都膘肥体壮。他们喜欢的字体是肥硕的，他们走的道路是有史以来最宽的，他们建造的都城相对之前的历朝历代，也是规模最大、建筑最宏伟的。从中我们也可以感受到唐朝人的自信、热情和乐观。

很多女生认为她们会变胖除了自身体质的原因，还因为她们对甜食没有抵抗力，一看见冰淇淋、巧克力、蛋糕这些美食就走不动。

那么，唐朝的女人很多是胖胖的，是不是因为她们总吃甜食呢？毕竟当我们在看电视剧的时候，经常能看到唐朝人桌子上摆着各种各样的点心。

接下来，我们看看唐朝都有哪些甜食吧。

1. 奶酪浇鲜樱桃

顾名思义，就是在新鲜的樱桃上面撒上半固态的奶酪。有奶酪，还用浇的，唐朝人也太会吃了吧，有没有感觉到一点仪式感呢？鲜红的樱桃、纯白的奶酪、琥珀色的蔗浆，色香味俱全啊！

2. 酥山

酥山的制作过程和当代做生日蛋糕的过程十分相似。将酥加热一段时间，差不多要融化的时候在其中加入蔗浆或者是蜂蜜，然后将它们滴在器皿上，滴出山、花或者树的造型，再放入冰窖冷冻，从冰窖里拿出来之后造型便固定下来了。

酥山原本是白色的，不过唐朝人对吃很讲究，不仅得好吃，还得好看，不仅得养胃，还得养眼，所以有时候唐朝人会将酥山染成红色或者绿色。

◆◆ 唐代壁画中的酥山

3. 透花糍

透花糍是如何做出来的呢？首先将红豆煮熟，然后去皮，做成红豆沙，又称灵沙臛。随后把糯米捣成糍糕。把灵沙臛放到糍糕中，最后做成花的形状。经过设计，糍糕会呈半透明状。

4. 樱桃毕罗

毕罗是一种蒸食，樱桃毕罗就是把樱桃作为馅料，放在笼屉上蒸，熟了之后放到碟子上面。令人惊讶的是，樱桃的颜色不会发生改变，果皮上会染上一层朦胧的水雾，娇艳欲滴，十分诱人。

看到这些甜食，有人会问：唐朝的人是怎么做出甜品的呢？有糖吗？有添加剂吗？我来揭晓一下，唐朝人使用的甜味剂是蔗浆。唐朝时期食品加工技术不发达，所谓的蔗浆就是把甘蔗汁晒干，然后熬成蔗浆，放在缸里、罐子里或者冰窖里保存。最后在做甜食的时候把蔗浆浇在上面。除了蔗浆，唐朝还有糯米、面粉、豆粉作为甜味剂。

唐朝的点心一般是面粉、糯米、豆粉等制成的，面粉有发面和烫面两种，馅料有各种水果，也可以是豆泥或者枣泥。

除了酥山能够染色，唐朝人有时也会把米粉染色，用彩色的米粉做成米糕，这种米糕叫"米锦"或者"虹桥"。唐朝有习俗，在重阳节这一天人们要吃米锦。

在取名上唐朝人也下了一番功夫。虽然也有点心取了像鸡蛋炒番茄这样直白的名字，但是大多数点心的名字都是很诗意的。例如在红酥上面加一些香料的点心取名"贵妃红"。

唐朝人是不是很会吃？如果你看到这样美丽香甜的糕点，恐怕也管不住自己的嘴巴。这下知道了唐朝的美人是怎么胖起来的吧？

▶ **小知识**

前年槿篱故，新作药栏成。

香草为君子，名花是长卿。

水穿盘石透，藤系古松生。

画畏开厨走，来蒙倒屣迎。

蔗浆菰米饭，蒟酱露葵羹。

颇识灌园意，於陵不自轻。

这首诗是唐代诗人、画家王维的《春过贺遂员外药园》。前年员外家的槿篱倒了，今年又重新建了新的栅栏。栅栏里面有香草、名花等植物。员外为了款待王维，给他做了蔗浆菰米饭和蒟酱露葵羹。

把蔗浆洒在饭上面，整碗饭都是甜的，由此可见，唐朝人是非常重口味的。而家里新建了房子或者添置了东西要请客，类似于今天的乔迁之喜，也有地方叫"燎锅底"。员外将蔗浆菰米饭作为款待客人的佳肴之一，由此可见，在唐朝蔗浆菰米饭是很受欢迎的，也是很有面子的。

相聚常有，火锅是否可以有

冬天最幸福的一件事是什么？很多人应该会说是吃火锅。肥牛、肥羊、牛肚、虾滑、鸭肠、巴沙鱼……每一种食物都让人垂涎欲滴。在 21 世纪，火锅已经成为人们最喜爱的美食之一，冬天可以吃火锅来避寒，夏天一边吹着空调一边大汗淋漓地吃火锅也大有人在。

火锅成为很多人最喜爱的美食，不仅因为它美味，还因为它简单的烹饪方式，因此也是聚会选择最多的一种用餐方式。朋友们聚集在一起吃着火锅，既热闹又惬意。

关于火锅的起源，目前有多种说法：有支持火锅源自三国时期前后的，或是在魏文帝时期出现，也有支持火锅在东汉时期出现的。不过，这些说法都没有得到准确印证。可以确定的是，火锅已经有至少两千年的历史了，而且火锅不是从国外引进的，而是中国人自己发明的烹饪方法。前面也说过，煮菜是唐朝的主要烹饪方式，所以在唐朝人的家里，吃火锅是很平常的。

虽然唐朝人和现代人吃的都是火锅，但是形式和细节上有很大的差异。

1. 不同的锅

因为唐朝铁锅制作技术并不发达，没有很多的锅，所以唐朝人吃火锅时很少用铁锅。很多有钱的唐朝人吃火锅时用的是唐三彩火锅。唐三彩火锅和今天涮羊肉的炭锅很相似。整个锅分为上下两个部分：上面的部分类似于一个坛子，可以用于装水、菜、肉；下面的部分用于生火，将上面的食物加热。唐三彩火锅多是大户人家使用。

2. 不同的锅底

现代火锅的锅底样式五花八门，有番茄锅、麻辣锅、牛油锅、菌汤锅等，在唐朝却没有这么多的花样，那时候出现的有菊花锅，就是把菊花放到火锅里，这样火锅看上去就多了一种色彩。菊花锅据说是最爱菊花的东晋诗人陶渊明发明的。

3. 不同的称谓

因为把食物放在沸水中会发出咕咚咕咚的声音，所以最早时火锅叫"古董羹"；三国时代，魏文帝时期火锅叫五熟釜；到了南北朝，因为把食物放在鼎中涮，所以叫铜鼎；到了唐朝，人们把火锅叫作暖锅。

4. 不同材质的锅

最开始火锅用的是陶鼎。现在的火锅不是固定位置的，可以来回端，可陶鼎是不能大幅度移动的。为了让吃火锅这件事更加方便，人们就改良了陶鼎。用小型的铜铁器皿代替陶鼎，类似于当代的小火锅，每人一个。

5. 不同的意义

现在的火锅是大众性质的，几乎家家户户都可以吃火锅。但在唐朝，吃火锅是富贵人家的事，一个唐三彩火锅不是人人都能买得起的。在唐朝，火锅可以说是富贵的象征。

6. 不同的配菜和配料

现在的火锅配菜多种多样，从蔬菜到肉类到海鲜应有尽有。配料也是各有千秋，麻酱、辣酱、海鲜酱……还可以在酱料里加香油、香菜、泰椒等。可唐朝火锅里的配菜和配料就没有那么多了，最初人们吃火锅的时候连盐都没有。唐朝有的蔬菜都可以放到火锅里涮着吃，例如竹笋、葵、荇菜等。

不过，唐朝的火锅和现在的火锅也有相似的地方，那就是都有分格的火锅。魏文帝把当时的火锅称为五熟釜，名字中带有"五"就是因为可以把锅里分成五格，就像现在的鸳鸯锅、九宫格一样，格与格之间各自独立，绝对不会串味儿。

> 绿蚁新醅酒，红泥小火炉。
>
> 晚来天欲雪，能饮一杯无？

这首诗是唐代诗人白居易的《问刘十九》。可以看出诗人家里刚刚酿好的酒还没有进行过滤，因此酒的上面还漂浮着一层绿色的泡泡，酒的香味飘出，充满了整个房间。这酒是在小火炉上烫的，这小火炉是用红泥烧制成的。

白居易在诗中渲染了很温暖的氛围。寒冷的冬天，家中的火炉烧得很旺，白居易和朋友围着火炉坐着，火炉上温着酒，飘出浓浓的酒香，令人迷醉。此时此刻，不管外面是如何的大雪纷飞，屋子和内心都是暖洋洋的。这首诗是白居易晚年时期的作品，隐居的他还留下朋友和自己一起烤火取暖、饮酒叙旧，由此可见他对友情的重视。

唐朝有食堂吗

在当代的一日三餐中，吃午饭的形式有很多，可以自己在家做饭，可以带便当，可以订外卖，可以去饭店吃，也可以去食堂吃。自己带便当和去饭店吃在唐朝都是可以实现的，订外卖倒是没有，那么唐朝有没有食堂呢？答案是肯定的。古代将人的职业大致分为四个种类：士、农、工、商。现在，咱们来按照类别说一下各职业人的食堂。

在唐朝，只要官职高于九品的官员都是有食堂可以吃的，不过官员吃堂食也分为两种情况：一种是有早朝的时候，另一种是没有早朝的时候。

在唐朝，有早朝的日子不叫工作日，叫朝参日，不上早朝的日子叫非朝参日。朝参日吃公粮称为"朝参日廊下食"，非朝参日吃公粮称为"非朝参日公厨堂食"。

上朝之后官员们就可以聚集在宫殿飞檐之下或者廊庑中吃顿饭，这顿饭的名字叫"廊下食"。廊下食中，皇帝是东道主，菜色自然不会太过寒碜，不过一个月要请官员吃多次，所以也不会太过豪华。皇帝一般会杀三头羊款待众官员，看上去丰盛，但是分到所有的官员手上，也就没有多少了。

唐朝皇帝布置的廊下食是很有人情味的，羊肉只是基本供应，唐朝皇帝还会根据季节给官员们加菜。例如，夏天的时候会给官员们一些防暑降温的菜品，比如绿豆汤、杨梅、鳝羹等；冬天会给官员做烤火餐，不仅美味，还能保暖。

如果官员在节日当天上朝，皇帝还会给官员额外加餐，例如寒食节赏给每个官员一碗甜米粥，人日（每年农历正月初七）赏给官员煎饼，元宵节赏给每个官员一块米糕，端午节赏赐粽子……皇恩浩荡，有些食物即使不好吃，或者官员不喜欢吃，也要把它吃完，重要的是其中的政治意义。就算难吃，获得这些食物是一种身份的象征，也是一种荣耀。

和不喜欢吃的食物相比，更加让人难过的是吃饭的礼仪。伴君如伴虎，在皇宫随时都要注意言行，哪怕是吃饭也不是一件简单的事情。吃饭要注重礼仪，坐在该坐的位置上，走路不能走错方向，吃饭的时候不能和熟人开玩笑，如果有一个细节出了问题，就可能被人发现，然后向御史告状，那么就可能被罚一个月的俸禄。

上朝时吃堂食不容易，不上朝时吃堂食也不简单。

地方官员虽然不上朝，但是办公期间的午饭也是由朝廷出钱。即使是公家出钱，也是不能肆意妄为的，做几道菜、每道菜是大码菜还是小码菜、几道荤菜几道素菜都是有规定的。级别越高自然待遇越好，级别低则比较简单朴素。

唐朝宰相的总办公处叫政事堂。在政事堂供职的都是参议朝廷大事的官员，他们级别高，工作重要，所以吃的饭菜很好，仅次于皇亲国戚。

政事堂的布置也十分讲究、宽敞。在政事堂，每个官员都有自己的书案。到了中午，官员们的午饭做好了，就会有下人敲门禀报一句："列位相公，天子赐食至。"随后就会有人端着食盒进来，将食物摆在官员的文案上面。食盒是唐朝皇帝赏赐的，因此，官员在吃饭之前要先向皇上磕头谢恩。谢恩之后就会有下人给官员端水送毛巾擦手。走完这一系列程序，他们就可以开始吃了。

公厨堂食比廊下食要轻松许多，吃公厨堂食的过程中官员之间可以相互交流，能谈工作，也能聊家长里短。虽然轻松，但是公厨堂食也是有规矩的，吃饭中途不能离开，一个人离开，其他人要等着他回来才能继续吃。

农民和商人一般没有食堂，都是各户人家分开吃。

> 下伏秋期近，还知扇渐疏。惊飙坠邻果，暴雨落江鱼。
>
> 贵寺虽同秩，闲曹只管书。朝朝廊下食，相庇在肴菹。

这首诗是唐代诗人姚合的《酬光禄田卿末伏见寄》。

姚合出生在中唐时期，志在隐居，先后任职监察御史、金州刺史、杭州刺史、刑部郎中、给事中。虽然做官多年，但是内心淡然如水，从未刻意追名逐利。姚合的官职在九品之上，从"朝朝廊下食"可以判断他吃公粮的次数是非常多的。

廊下食在盛唐之时出现，是因为国家繁荣昌盛，国库充足，所以才能给官员提供这项福利。而姚合做官时期，已经是安史之乱之后。经过了安史之乱，唐朝的经济大不如前，为了皇帝的尊严还是保留着廊下食。但是，官员廊下食吃的佳肴早就今非昔比。

唐朝人一天要吃几顿饭

我之前看到过这样一句话：吃饭不是为了活着，活着不是为了吃饭。最开始觉得这话说得不对，吃饭不是为了活着是为了什么？后来长大了就有了新的理解，感觉这句话说得很有道理。不过不管对不对，我觉得人活着，吃饭这件事就不能不提。

吃饭，虽然只是简单的两个字，其中的内容却很多。前面说到吃面食还是米食、吃牛肉还是羊肉、能吃到什么蔬菜、能吃到什么甜点等话题，这里就换一个话题，说一下吃的频率。

在当下社会，吃饭的频率还是比较规律的，一般都是早、中、晚一天三顿。尤其是上班的人和上学的学生，吃饭这件事还是遵循规律的。对于这三餐怎么吃还有一句话：早餐要吃好，午餐要吃饱，晚餐要吃少。据说这么吃的人身体会很健康。

时代在发展，用餐频率也发生了变化，那么唐朝人一天吃几顿饭呢？现代社会吃饭规律是因为人人生活富裕，粮食充足。在唐朝，人们吃饭的频率可就不固定了。

唐朝人一天吃几顿不是由习惯决定的，而是由阶级决定的。

如果是没有土地的贫民，他们可能一天只吃一顿饭，或者两天吃一顿饭。因为没有土地耕种和生活来源，所以有上顿没下顿的日子对他们来说是十分平常的。

和尚强调"过午不食"，每天过了中午，他们就不再吃饭了，一般一天吃一顿饭。

如果是普通农民，有自己的土地，日出而作，日落而息，他们每天吃两顿饭。有人会不理解，农民有自己的土地，每年都有收成，怎么还会没有饭吃？因为在唐朝，农民是要交税的。农民不仅要把自己种的粮食交给朝廷，而且还要交出大部分，因此很多农民的收成虽然很好，但是他们的生活还是很拮据的。

除了因为粮食不充足，还有缺乏照明设备的原因。在唐朝没有电灯，只有富裕的人家才点蜡烛。因此，农民会在天黑之前吃完饭，夏天可能会晚一些，冬天就很早。

农民一整天都要劳动，为了有体力劳作到下午，农民的早饭吃得很晚，大概在上午七点到九点之间。唐朝没有"早餐"这个词，他们把早餐称为"朝食"，后来称为"饔"，下午吃的晚餐称为"小食"，后来称为"飧"。成语"饔飧不继"正是形容一天中早餐和晚餐没有连续起来，说明家庭贫困。

而对于官员、富商或者皇家来说，一天吃三顿饭几乎是没有问题的，有的人兴致来了还会加一顿夜宵。

有的家庭虽然吃一日三餐，但是中午却不吃正餐，而是吃一些点心，叫作"偏食"。

▶ 小知识

> 茶饼嚼时香透齿，水沉烧处碧凝烟。
>
> 纱窗避著犹慵起，极困新晴乍雨天。

这首诗是唐代诗人李涛的《春昼回文》。回文的意思是把相同的词汇或句子在下文中调换位置，或者颠倒过来，产生首尾回环的情趣，也称为回环。例如这首诗，其实把语序颠倒过来也说得通。

天雨乍晴新困极，起慵犹著避窗纱。

烟凝碧处烧沉水，齿透香时嚼饼茶。

李涛在诗中用简单的言语描绘出惬意、悠闲的下午茶时光。这首诗应该是李涛在短暂的做官期间创作的，"茶饼嚼时香透齿"中的"茶饼"就是唐朝的点心。

唐朝人喝茶有什么讲究

中华文化源远流长，茶文化在其中占有十分重要的位置。茶在中国起源十分早，具体何时起源还没有定论。但是可以确定，中国人喝茶已经有上千年的历史了。

现代人在大量运动之后都会喝运动型饮料补充体力。在唐朝，茶就是运动型兼功能型饮料。

现在人们喝茶都是用热水沏茶，可这种喝茶方式是从明清开始的，那么唐朝的人是怎么喝茶的呢？和现代有什么不同呢？

1. 喝茶的叫法

当代社会叫喝茶，唐朝的时候叫吃茶。

2. 茶的保存形式

茶是一种文化，喝茶自然不能像喝水一样轻描淡写。一种好茶是要慢慢品的。茶的精髓在于茶叶。唐朝人知道这个道理，他们知道茶叶要保存好，茶叶的最好保存方式是烘干之后保存，干茶叶能够保存茶的味道，因此那时候就已经有了茶焙器。

在饮茶的习惯上，相较于散茶叶，唐朝人更喜欢团茶或茶饼。茶饼是把生茶叶经过蒸青、揉捻，然后做成茶饼，最后烘干。茶饼放在茶笼中保存。茶笼是一种类似鸟笼的笼子，四面镂空，有良好的通风性。茶叶上的水汽蒸发后其香气就会更加浓郁。

普通百姓家的茶焙都是用竹子编制，而皇亲国戚为了彰显高贵的身份，会用金丝或者银丝编制茶焙。

3. 喝茶的方式

当代人喝茶是用热水冲泡茶叶，然后饮用。而唐朝人吃茶时要先用茶碾器把茶饼碾碎，再把碎了的茶末放进筛子中，把其中的杂质过滤，最后将茶粉煎制。

现在人喝茶一般都是泡好茶直接喝，很少有人加佐料。但是在唐朝几乎每个人喝茶都会加佐料。煎茶的佐料包括葱花、生姜、盐、橘皮、桂皮、薄荷、茱萸等。

4. 喝茶的工具

如今人们喝茶，如果不太讲究排场，需要准备茶杯、茶壶、茶叶、茶盅、茶盘。如果是讲究的人，还需要准备茶筒、茶则、茶夹、茶拨、茶针、茶漏、茶荷。

唐朝之前，没有煎的茶可以放到贮茶器中。有需求就会有市场，唐朝的时候有人制作了各种各样的贮茶器，不同的造型有着不同的寓意，例如有的贮茶器设计成乌龟的造型，而乌龟在人们的心中代表的是吉祥和长寿。

除了贮茶器，还有放盐的贮盐器，煮茶的烹煮器等。

最后介绍的一个茶具就是喝茶时用的器皿了。说到喝茶的器皿，很多人第一个想到的都是茶杯，而唐朝用的是茶盏。唐朝的茶盏也颇有特色，质地多种多样，有陶瓷的，有玻璃的，还有银器的。越是有身份有地位的人越讲究，光是他们用的茶盏就让人赏心悦目。

▶ 小知识

> 多病逢迎少，闲居又一年。
>
> 药看辰日合，茶过卯时煎。
>
> 草长晴来地，虫飞晚后天。
>
> 此时幽梦远，不觉到山边。

这首诗是唐代诗人张籍的《夏日闲居》。诗中提到的"茶过卯时煎"，卯时是十二时辰之一，指的是早上5点到7点之间，五行中属木。唐朝大多数人在卯时起床，处于空腹状态，茶有刺激性，喝茶会稀释胃液，降低人体的消化功能，人会感到心慌、头晕、浑身无力、精神恍惚，因此过了卯时再煎茶。从这可以看出唐朝人很注意养生。

唐朝的餐具是什么样子的

饮食是一种文化，餐具也是一种文化。

古往今来，在所有金属器件中，银器有着非常重要的地位，很多收藏家收藏银器。提到银器，很多人都会想到银戒指、银手镯、银项链。唐朝的时候，人们也喜欢用银器来体现他们的高贵和富裕。银器能够受到人们的青睐，还因为白银对人的身体有好处，可以养生，而且银器能保存很长时间，不容易损坏，可以做传家宝。

关于银器，唐朝人对于金银有一种观念，认为"金银为食器可得不死"，所以为寻求长生不老而大量制作金银器。

人们认为银制的餐具不仅对人的身体健康有好处，还可以检测出菜肴是否有毒。经过医学上千年的发展，医学界也证明银器是可以杀菌、消毒的。如果用银器盛放水、牛奶、汤等，保鲜时间超过其他质地的餐具。

唐代对于使用金银器有律法规定：一品以上的官员，他们的餐具可以用纯金的；六品以上的官员可以用纯银的餐具。宫廷和民间都有制造金器和银器的作坊。因为贵族生活的奢侈，普通百姓对银器都十分钟爱，作坊里的人也是费尽心思、别出心裁，在唐朝，中国的银质餐具艺术达到高峰。

唐朝工匠们的精湛技艺让银器不仅可以作为餐具使用，还可以作为艺术品供人欣赏。唐代制作银器的工艺有钣金、浇铸、焊接、切削、抛光、铆镀、锤揲、錾刻、镂空等工艺，与现在所说的轧制、反复冲压拉伸、焊接、细致雕刻、抛光、进行保护处理等工序，几乎一致。虽然烦琐，但是步步用心，利用银的柔软特性，创造出精美的工艺品。那么，唐朝人利用银都制造了什么样的餐具呢？

餐具可以分为两种：一种是盛放食物的餐具，另一种是吃东西时用的餐具。

◆◆ 唐代精致的金银器

唐朝人用的餐具大多数是陶瓷的，或者是木质的，而富贵人家的餐具质地选择会多一些，例如玉质的、金质的、银质的。

唐朝的餐具是很齐全的，最重要的餐具是碗，用以盛饭，还可以当作酒杯、茶杯。

筷子和勺子自然也不可缺少，只是称谓上有所不同，唐朝人把筷子称为"箸"，将勺子称为"匕"或"匙"。筷子的质地根据主人所属的阶级有很大不同，有银质的、金质的、木质的，还有犀角制成的。

和金银的器具相比，更加稀少的是犀角材质的餐具，通常只有天子或者立过极大功劳的人才能拥有犀角制成的餐具。

筷子和勺子是中国传统餐具，源远流长。筷子和勺子能够成为重要的餐具，是中国的食物类型所决定的。中国古代是农耕型社会，主食是米、面食，不管是吃包子、馒头、面条还是粥，使用筷子更加方便。

唐朝虽然和外国有交往，但是外国的影响力还不足以改变唐朝人的生活方式。所以，在唐朝，刀和叉并没有成为餐具，唐朝人主要用的是筷子和汤匙。

▶ **小知识**

三月三日天气新，长安水边多丽人。态浓意远淑且真，肌理细腻骨肉匀。绣罗衣裳照暮春，蹙金孔雀银麒麟。头上何所有？翠微匐叶垂鬓唇。背后何所见？珠压腰衱稳称身。就中云幕椒房亲，赐名大国虢与秦。紫驼之峰出翠釜，水精之盘行素鳞。犀箸厌饫久未下，鸾刀缕切空纷纶。黄门飞鞚不动尘，御厨络绎送八珍。箫鼓哀吟感鬼神，宾从杂遝实要津。后来鞍马何逡巡，当轩下马入锦茵。杨花雪落覆白苹，青鸟飞去衔红巾。炙手可热势绝伦，慎莫近前丞相嗔！

这首诗是唐代诗人杜甫的《丽人行》。

杜甫在诗中讽刺了杨贵妃及宗亲骄奢淫逸、奢侈浪费的生活，其中，就有提到他们用犀角做的筷子吃饭，久久不曾下筷子，因为他们已经把山珍海味吃到厌烦。犀角餐具一般只有天子或者大功臣才能有资格用，杨贵妃的宗亲居然有，可见杨贵妃果真是集万千宠爱于一身。

◆ 李公麟《丽人行》图（局部）

第二章

仙袂霓裳，
羽衣飞舞

出门在外，唐朝女子穿什么衣服呢

文化是绚丽多姿的，是无处不在的。每一个民族都有属于自己的文化，包括穿衣文化、住房文化、饮食文化。在中国古代封建社会，因为统治阶层的倡导以及社会的发展，穿衣文化在不断变化。汉朝是汉人统治的，所以人们穿汉服；清朝是满族人统治的，所以人们穿旗装；唐朝在民族政策上兼容并包，对少数民族衣冠服饰兼收并蓄，因此，唐朝人穿衣风格综合了汉服和胡服的特点。

服装不仅可以体现出时代性和民族性，还可以体现出礼节。在唐朝，这些就体现得尤为明显。

唐朝的服饰是从隋朝沿袭过来的，因此，继承了很多历朝服饰的元素，例如交领、对襟。

女子的服装按照不同的场合分为不同种类。朝服、公服、祭服是宫里的嫔妃、公主、女官等在上朝、参加国宴、祭祀期间穿的衣服，另外，女子也可以戴冠帽。

常服是日常生活中穿的服装，以裙子、衫和帔为主，三者十分完美地融合在一起，除此之外，还有襦、束裙、披帛等。

女子的常服是窄袖、圆领的袍衫。皇帝、平民都有常服，只是在颜色上有规定，赤黄色的袍衫只有皇帝能穿。唐太宗之后，穿常服的频率变高，除了元日、冬至等大型祭祀活动，人们一般都会穿常服。

唐朝的衫是单衣，而襦有夹有絮，相较于单衣暖和一些，只是设计上并不长，只遮挡到腰部，长度上衫比襦长，比袍短。

襦裙是唐朝女子最常穿的衣服种类，尤其是初唐时期。女子的襦裙多数上身是窄袖的衣服，下面是紧身的长裙，裙子的腰抬得很高，都在腰部以上，到胸部，或者腋下，然后用带子束缚。

唐朝前期流行半臂，即半袖短身上衣，类似今天的短袖，半臂一般套在衫的外面。半臂的长度到腰部，和襦裙一样要在胸前系丝带。半臂还有套头款式的，这种半臂的下摆可以在裙子外面，也可以在裙子里面。

披帛也称画帛。唐朝时大多数披帛是用又轻又薄的纱制成的，纱的上面还有图案，做工十分精细。大多数披帛的长度都在两米以上，穿法是先披在肩上，两边再缠绕在手臂上。女子走路时披帛随风飞舞，仙气飘飘。

在关于唐朝的电视剧中经常能看到一些舞女为皇上献舞，这些舞女穿在外面的衣服为缦衫，衣服比较短，穿上脱下都很容易，颜色十分丰富，红橙黄绿青蓝紫均有，最受欢迎的是红色、绿色、紫色和黄色，例如诗句中写的"红裙妒杀石榴花""藕丝衫子藕丝裙"。

唐朝经济发达，外交频繁，大多数人生活富足，因此在衣服上多了很多新鲜的设计。衣服上不仅有花、叶子等图案，还有织文、绣文、鹧鸪、凤凰、银鹅等。

◆ 各式各样的唐代女子服饰（《虢国夫人游春图》局部）

在不同的时期，唐朝女子流行的服饰不同。唐朝初期，女子大多数穿小衫、袖子窄的衣服，外面再套上一件半臂，肩上披一件披帛，里面穿一件紧身的长裙，上到胸部，下到脚踝。盛唐的时候，女子的服饰变得宽松，裙子位置往下移，颜色和花纹花样繁多，十分明亮艳丽。到了中晚唐时期，女子的服饰的袖子变得更加宽松。袒领服（半袒胸、大袖衫样式、纱罗料子的衣服）、男装和戎装也颇受女性的喜爱，诗句"军装宫妓扫蛾浅"说的便是宫中女子穿着军装。

女性的衣服领子也是多种多样，包括圆领、立领、斜领、直领、方领、鸡心领。

唐朝初期，女子在穿着上还没有形成开放的风气，穿衣都是尽量遮挡，对女子都有蔽面的要求。唐朝妇女出门多数会戴幂篱。幂篱是一种大的头巾，一般是轻薄的黑色纱罗布料，夏季透气、凉爽，而且头巾不仅能够遮住脸，长度可到胸部以下，女子戴上之后颇有神秘感。

唐高宗时期，人们的思想和社会风气渐渐开放，帷帽取代了幂篱。帷帽是在帽檐周围加一层纱，纱的长度到脖子的位置。开元年间，思想彻底开放，女子便不再遮挡面容。不过也有女子像男子或者胡人一样裹着幞头、戴着自己喜欢的胡帽出行。可如果要出远门，大多数女子还会戴着帷帽，避免皮肤受到阳光和大风的伤害。

女子穿的鞋子有三种：履、靴和屐。三种鞋子材质上有很大区别。履是用棉、麻、丝、绫等布料织成的，也有小部分是用蒲草等编织而成的，就像人们常说的草鞋。爱美之心人皆有之，唐朝女子在履的设计上也煞费苦心。为了能让自己的履漂亮一些，女子会在履上根据自己喜欢的花样去做刺绣。履头也有很多样式，圆头的、高头的、云形的、花形的。靴多以锦为之，纹饰美丽。屐于夏季赤足着用，为民间女子所喜。

▶ 小知识

> 青楼晓日珠帘映，红粉春妆宝镜催。
>
> 已厌交欢怜枕席，相将游戏绕池台。
>
> 坐时衣带萦纤草，行即裙裾扫落梅。
>
> 更道明朝不当作，相期共斗管弦来。

这首诗是唐代诗人孟浩然的《春情》。天亮了，清晨的阳光打在珠帘上，美人睡醒后，对着镜子略施粉黛。已经厌倦了躺在床上的欢愉时光，想要去池台边上走一走。坐着的时候身上的衣带能够碰到地上的小草，行走的时候裙子能够扫到地上的落梅。明天不能再像今天这样纵情欢乐了，可以一起相约演奏乐器。

孟浩然是盛唐时期的诗人，从这首诗中女子的装扮可以看出唐朝的女子穿着落地长裙，走路的时候裙子能够碰到地上的落梅，束缚衣服的带子也很长，下垂之后可以碰到地上的青草。

不同身份的人，穿衣服有什么讲究

俗话说："人不可貌相，海水不可斗量。"单纯从外貌判断一个人是不明智的，从外貌上不能判断一个人的身份。当代社会，通过制服人们可以判断他人的身份。如果一个人穿了制服，那么就可以从制服看出他是做什么工作的。而在唐朝，制服一般是在不同场合或者是有身份的人穿的衣服。

1. 官员穿什么颜色的官服？

说到身份，很多人就会想到官员。唐朝对于官员穿衣服的颜色也有规定。在武德（唐高祖李渊在位期间的年号）年间，朝廷明文规定了不同级别官员穿衣服的颜色。三品以上官员穿紫色，四、五品官员穿朱红色，六品的官员穿土黄或者浅黄色的常服。

到了唐高宗时期，朝廷对官员穿什么颜色的常服再次进行整改，确定三品以上官员穿紫色，四品官员穿深绯色，五品官员穿浅绯色，六品官员穿深绿色，七品官员穿浅绿色，八品官员穿深青色，九品官员穿浅青色。

2. 祭祀也有特定的服装？

唐朝对祭祀这件事十分重视，几乎每年都会为祭祀准备盛大的仪式。在举行祭祀仪式时，人们就要穿祭服。皇帝在祭祀等重要场合穿的服装叫冕服，头上戴的叫冕冠。冕冠的最上面是一块前圆后方的长方形冕板。冕板的前后有垂下的冕旒。在唐朝，冕旒也是身份的象征，根据不同的身份，佩戴不同数量、不同质地的冕旒。

冕冠和冕服是搭配着穿的。冕服上身是玄色，下身是朱色。冕服上面还有花纹，例如章纹等。

3. 战士穿什么？

战士代表的是一个国家的军事力量，没有战士，一个国家是不堪一击的。任何一个朝代都对战士十分重视，战士的饮食有特殊待遇，对于保护战士性命的铠甲自然更不能忽视。

唐朝战士的铠甲也在不同时期发生过改变。初唐的时候，战士的铠甲延续了隋朝铠甲的样式，铠甲设计得十分实用，分为铠甲和皮甲两个部分。铠甲中最常见的是两裆铠和明光铠。两裆铠呈鱼鳞状，长度到腹，下摆部分是弯月形或者是荷叶形的甲片，可以保护腹部。明光铠的裙摆比两裆铠要长一些。

战士外面穿铠甲，里面穿的是戎装。戎装一般都是圆领的长袍，长度到膝盖之下，腰部有腰带束缚，上身和下身都较为宽松，方便战士施展功夫。

除此之外，还有绢布甲。绢布甲是用绢布缝制成的铠甲，虽然轻巧便利，但是没有抵御兵器的能力。

到了高宗时期，天下太平，并无战事，统治者过于奢侈，在铠甲的设计上不像之前从实用的角度出发，而是越发华丽、美观。后来经历了安史之乱，唐朝的铠甲再次进行改革，不过，铠甲上还是有很多装饰。

唐朝后期，铠甲的样式已经基本固定，有明光甲、光要甲、锁子甲、山文甲、乌锤甲、细鳞甲、白布甲、皂绢甲、布背甲、步兵甲、皮甲、木甲、马甲十三种普通的样式。其中明光、光要、锁子、山文、乌锤、细鳞是铁甲。

铠甲的命名方式有两种，一种是根据铠甲甲片的样式，例如乌锤甲、细鳞甲；另一种是根据铠甲的材质，例如白布甲、皮甲。

▶ **小知识**

北风卷地白草折，胡天八月即飞雪。

忽如一夜春风来，千树万树梨花开。

散入珠帘湿罗幕，狐裘不暖锦衾薄。

将军角弓不得控，都护铁衣冷难着。

瀚海阑干百丈冰，愁云惨淡万里凝。

中军置酒饮归客，胡琴琵琶与羌笛。

纷纷暮雪下辕门，风掣红旗冻不翻。

轮台东门送君去，去时雪满天山路。

山回路转不见君，雪上空留马行处。

这首诗是唐代诗人岑参的《白雪歌送武判官归京》。

诗中所写的是诗人为友人送行时的场景。岑参已经是第二次出塞，他对塞外生活十分熟悉。农历八月，塞外已是天寒地冻，酷寒难耐。即使穿着"狐裘"都不暖和，将士们"铁衣冷难着"——铠甲冻得难以穿上。岑参是盛唐时期的诗人，从诗歌反映的情况可以看出，盛唐时期边防战士的装备并不完善，战士的衣服难以保暖。

生于忧患，死于安乐。盛唐时期，唐朝统治者因为贪于享乐，在战略上没有未雨绸缪，所以才给了不安好心的人可乘之机。

唐朝男子穿什么衣服出门呢

相较于女子，唐朝男子的服饰要简单一些。虽然简单，但是在设计上还是费了很多心思的。

从隋朝到唐朝，服装发生了很大的变化。隋唐之前，男子的服装多数是宽大的，而到了唐朝，因为受到胡服的影响，服饰的设计中也增加了一些胡服的元素，袍衫的宽度变小了很多。

唐朝男子的服饰可以分为公服、半臂、袍衫等。不同的场合、不同的身份、不同的季节，人们在穿衣上也有很多不同的选择。

公服就是做官的男子工作时穿的衣服，大多数是圆领窄袖袍衫，领袖和襟没有缘边。袍子的长度到膝下或者脚的位置。

半臂又称为半袖，袖子到肘部，衣长到腰部，在腰部还要系一条和半袖相匹配的带子。半袖的样式多种多样，有对襟、翻领、无领、套头的。

男子的袍衫有很多种，例如襕袍、襕衫，缺胯袍、缺胯衫，铭袍、铭衫。

襕袍的上衣和下身是连在一起的，在设计上综合了汉服和胡服的特点。襕袍和襕衫是圆领的，袖子是窄的，领、袖、襟也没有缘饰。襕袍和襕衫是唐代男子最常穿的衣服种类，和其他常服的不同之处是它的下摆有一个横襕。

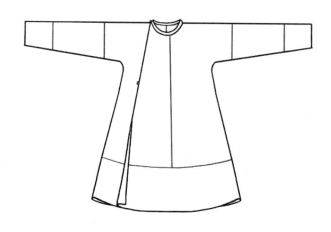

◆◆ 襕袍

缺胯的意思是在袍衫两胯开衩，这样在行动上会更加方便、自由，尤其是做仆役的男子，他们常穿缺胯袍。缺胯袍多为圆领子、窄袖子，袍子下身长到膝盖下面或者脚踝。仆役如果做工不方便，可以在袍子里面穿一条带小口的裤子，这样在着急做工的时候就可以把袍子的一角掖到口袋里或者是腰带里，行动会更加方便。

铭袍和铭衫指的是袍衫上有铭文刺绣的衣服。唐朝自武则天时期开始流行铭袍和铭衫，女皇武则天还把它作为官员的服饰。和襕袍、襕衫、缺胯袍、缺胯衫不同，铭袍和铭衫是圆领子、大袖子的。一般在袍子和衫前面有鸟兽的刺绣，铭文绣在袍子和衫的后面。

官员有级别高低之分，因此不同级别的官员的袍子和衫上会绣着不同的铭文和图案。袍子和衫上面的铭文大多数都是山的形状，随后用金线或者银线绣山。通过袍衫不同的颜色、图案能够判断官员职位的大小和职位的类型。

和隋朝相比，唐朝更新了幞头。幞头分为两个部分：一部分是幅巾，一部分是巾子。幞头的两脚在唐朝发生了演变，从唐初的软脚到中唐时期变成左右两边各一个的硬脚，长度上也从长到短，硬脚幞头戴上和脱下都比软脚幞头方便。后面系成的两脚呈现"一"或者"八"字形。后来人们想到在幞头中加入布帛、铁丝、铜丝、竹丝等固定两脚，又称为翘脚幞头，这样看上去挺拔有型、精神抖擞，翘脚幞头便是今天人们知晓的乌纱帽的雏形。

总之，如果说唐朝女子的服饰是浪漫的、多姿的，那么男子的服饰从颜色到样式都是十分稳重的、成熟的。

> 轻薄儿，面如玉，紫陌春风缠马足。
>
> 双镫悬金缕鹘飞，长衫刺雪生犀束。
>
> 绿槐夹道阴初成，珊瑚几节敌流星。
>
> 红肌拂拂酒光狞，当街背拉金吾行。
>
> 朝游冬冬鼓声发，暮游冬冬鼓声绝。
>
> 入门不肯自升堂，美人扶踏金阶月。

这是唐代诗人顾况的诗《公子行》，描绘了一个贵族子弟的奢侈生活。

顾况是中唐时期的诗人，从他的描绘中可以看到中唐贵胄的打扮：穿着白色的长袍衫，腰上系的是犀牛皮的束带。普通百姓的束带可能是绳子或者粗布，可是诗中的主人公却用犀牛皮做束带，由此可见此人生活的奢华。

◆ 幞头

女为悦己者容，唐朝女子出门前化妆攻略

唐朝时经济发展，人们的生活水平有所提高，在衣食住行方面也有了更多的要求。生活富裕了，大多数人都有了更多的衣服，男子有更多的冠饰，女子有更多的配饰。

每天清晨醒来，唐朝女子最头疼的便是梳什么发型，戴什么簪子。因为有很多发型选择，所以她们才会为此烦恼。唐朝的大多数女子都会梳髻，可以把头发挽在头顶，或者裹在脑后，样式很多。还有部分人梳双环望仙髻、惊鹄髻、半翻髻、乌蛮髻、云髻、盘桓髻等。

初唐时的发髻都比较低、平，不招摇，不张扬，也不惊艳。盛唐时期社会经济发达，百姓安居乐业，幸福感的提升直接反映在人们的

精神面貌上，人们更加自信，因此发髻也越梳越高。发髻高了，若是没有发饰，还是不好看，因而发饰也在这个时候得到发展。唐朝女子可以把簪子、发钗、步摇、花戴在头上，用来装饰发髻。发饰材质有金、银等。

　　唐朝女子的发饰设计得十分精美，尤其是步摇，闪亮的珠子穿成一串，衔接在鸟、雀、花、月亮等形状的发饰下面，随着女子走路摇晃，发饰显得十分好看。

◆ 《簪花仕女图》中的女子

"女为悦己者容"这句话已经流传了千百年，爱美之心人皆有之，即使不是为了自己喜欢的人，绝大多数女子也都是在乎自己的容貌的，女孩子也都喜欢听别人夸赞自己好看、漂亮。容貌打扮包括穿衣和面部妆容。女子的服饰在前面已经提到过，那么，唐朝女子都用什么化妆品来打扮呢？

　　唐朝的化妆品有胭脂、铅粉、唇脂等。胭脂是通过提取红蓝花的花汁，再配上猪脂和牛髓混合制成的膏状颜料。铅粉类似今天的粉底，洁白细腻，可以扑在脸上、脖子上。

　　唐朝之前，唇脂是用香料和鲜花混合制成的。唐朝时，唇脂的制作得到发展，过程变得更加复杂，唇脂的颜色也变得更多了。唐朝的唇脂有红色的、紫色的、肉色的。

　　把蜂蜡和紫草放到铜锅里煎，蜡就会染成紫色，由此制成紫色唇脂。在紫色唇脂中加入朱砂，搅匀，就制成了红色唇脂。如果在朱色唇脂中再加入适量的紫蜡和黄蜡，唇脂就会变成肉色。紫色和红色的唇脂是喜好化浓妆女子的最爱，而肉色唇脂是喜好化淡妆的女子和男子们的最爱。

　　唐朝的唇脂不仅可以起到装扮作用，而且和当代的唇膏一样，可以在干燥季节防止嘴唇皲裂。有些高质量的唇脂制作过程很复杂，需要很多种香料，除了蜂蜡还需要加入香油和蜂蜜。除了煎，还需要经过浸泡、用小火慢熬、用罐子密封后在小火上烤等过程。唇脂放在罐子里保管，可以直接用手蘸涂在嘴唇上。

描眉也是化妆中的一个重要部分。萝卜青菜，各有所爱，唐朝女子的眉形有很多种，例如阔眉、鸳鸯眉、倒晕眉、小山眉等，其中阔眉是最受欢迎的。初唐时期，女子的眉毛都画得很长，盛唐的时候眉毛就画得很短了。

除了往脸上涂抹的，还有往脸上贴的。唐朝就有了额饰，最受欢迎的是花钿。花钿的材质多种多样，有云母片的，有金箔片的，有鱼鳃骨的，有黑光纸的。人们用这些材料做成自己喜欢的形状，如梅花、莲花、桃花、扇子、蝴蝶等，并把花钿贴在眉间，而最受欢迎的花钿是梅花形状的。

面靥和花钿一样贴在脸上，只是位置不同。花钿贴在眉间，面靥是贴在酒窝处。一般是用胭脂点一个圆点，也有人用金箔贴在脸上。

中晚唐时期，斜红十分流行。用胭脂在太阳穴的地方画两个月牙，简单的斜红像上弦月，复杂的斜红像伤痕。

唐朝经济发达，百姓富裕，国库充足，除了金银配饰，自然还有珠宝配饰。女子的配饰有项饰、臂饰、手饰。项饰有项链、璎珞和项圈。项链一般是由珍珠或者翡翠串成的。璎珞分为上下两部分，上半部分是圆形的金属项圈，下半部分是珠子宝石穿的项链。项圈是一种紧贴颈部的装饰品，通常是金的或者银的，有时还会在下面挂上长命锁或者玉石，寓意是保佑平安、富贵。

臂饰有臂钏。臂钏类似于现在的多层手镯，是用金属丝缠绕多层，像弹簧一样，戴在手臂上。臂钏深受唐朝宫女的喜爱。

手饰有手链和手镯。手链多为珍珠、翡翠串成，材质有金的、银的、玉的。

在唐朝，香囊也是一种配饰。唐朝的香囊与现在的香囊不同。从材质上来看，现在的香囊是布料做的，而唐朝的香囊是金银质地的。从设计上来看，现在的香囊是封闭的，把香料放在里面，而唐朝的香囊是镂空的，上下两个半球通过子母口扣合在一起。镂空的香囊里面有两个同心圆环，同心圆环内有一个香盂，香盂和同心圆环都是用活轴连接的，可以来回转动。即使转动，香盂里的香灰也不会掉出来，可见设计是多么巧妙。

▶ **小知识**

> 清晓妆成寒食天，柳球斜袅间花钿，卷帘直出画堂前。
> 指点牡丹初绽朵，日高犹自凭朱栏，含嚬不语恨春残。

这首词是唐代诗人韦庄的《浣溪沙》。寒食节的这天清晨，女子起床后开始梳妆，在头上戴柳球和花钿，卷好帘子走出画堂。牡丹初绽，日头高照，站在栏杆前，女子默默不语，感叹这春天怎么过得如此之快。

韦庄是唐末的诗人，从诗句"柳球斜袅间花钿"可得知，唐末时期已有柳球和嵌金之花状首饰。

唐朝有洋装吗

人靠衣装马靠鞍，一个人只有穿合适的衣服才能展现出美丽。唐朝人虽然有自己的服饰文化，但是唐朝是吸收外国文化非常多的朝代。元稹在《和李校书新题乐府十二首·法曲》中写道："自从胡骑起烟尘，毛毳腥膻满咸洛。女为胡妇学胡妆，伎进胡音务胡乐。火凤声沉多咽绝，春莺啭罢长萧索。胡音胡骑与胡妆，五十年来竞纷泊。"唐朝不仅从西域引进了食物、胡妆、胡乐、胡音、胡骑，服装上也受到影响。这种大方接受的态度可以反映出唐朝人的广阔胸襟。

在唐朝，一般从国外引进的东西，名字中都带有一个"胡"字。从国外引进的瓜叫胡瓜，从国外引进的饼叫胡饼，从国外引进的服装叫胡服，而不是当代社会说的洋装。

唐朝不是第一个引入胡服的朝代，事实上，到唐代为止，胡服已经传入中土几百年了，只是在唐太宗到唐玄宗期间达到顶峰。

胡服指的是胡人穿的衣服，其特点是短衣、长裤、靴子，衣服是紧身的，不像唐朝的长裙宽袖，胡人的衣服行动起来十分方便。

在引进胡服之前，唐朝先引进了胡舞。受唐朝人欢迎的胡舞多是跳跃形式的，唐朝女子穿长裙还有长帔，这些衣服虽然十分美丽，但是跳舞却很不方便，施展不开手脚，还很容易摔倒，而胡人穿着胡服跳舞十分轻盈灵动，因此，胡舞也是唐引进胡服的原因之一。

胡服在开元和天宝年间最为流行。那时的女子可以学习骑马，因为穿唐朝的袍衫十分不方便，便在骑马时选择穿胡服，由此，胡服成为唐朝历史上的一道靓丽的风景线。

在唐朝，男子的胡服和女子的胡服有很大差别。一些男子的胡服女子也可以穿。

男子的胡帽是胡汉两用的。胡帽的上半部分是中空的，而且很尖，下半部分和皮帽、毡帽很像。

胡服的领子有三种，可以是圆形的、曲领的或盘领的。

缺胯袍是将鲜卑族服饰和胡服相融合后产生的新的服饰风格，圆领的一侧开衩，最初衩口较低，随后变高。

女子的胡服大多数是带有锦绣帽的，袖袍是窄窄的，袖口领子和衣襟是宽宽的。

女子胡服中的幂篱有两种样式：一种是大幅方巾，材质透明，又轻又薄，可以遮挡住全身；另一种是和衣服帽子连在一起，像斗篷一样。胡人所居住的地方风沙较大，佩戴幂篱一方面可以遮挡风沙，另一方面可以保护脸上的皮肤。

关于幂篱的佩戴有很多种说法，一种说妇女只有远行的时候才戴着，避免被陌生男人看到自己的面容。另一种说法认为幂篱是男女都可以戴的，就是为了保护脸不被风沙影响。

▶ **小知识**

> 胡服何葳蕤，仙仙登绮墀。神飙猎红蕖，龙烛映金枝。
>
> 垂带覆纤腰，安钿当妩眉。翘袖中繁鼓，倾眸溯华榱。
>
> 燕秦有旧曲，淮南多冶词。欲见倾城处，君看赴节时。

这首诗是唐代诗人刘禹锡的《观柘枝舞二首·其一》。胡服在唐朝十分流行，华丽的高台上舞女穿着胡服十分优雅，像仙女一样。

柘枝舞是唐朝很流行的一种舞蹈，除了长安，常州、杭州、潭州等地也有很多人表演柘枝舞，多是女子伴随鼓声起舞。柘枝舞是从西域传来的，跳舞的女子一般穿胡服，脚上穿锦靴。跳舞的过程中女子步伐轻快，又不失婀娜。刘禹锡是中唐时期的诗人，从这首诗中可以看出在中唐时期胡服已经融入了百姓的日常生活中，并且得到了很多人的喜爱。

女扮男装是少见还是常见

　　在唐朝之前，没有一个朝代的女性可以明目张胆地女扮男装，在《礼记》中有记载："男女不通衣裳。"这句话的意思就是男人和女人之间衣服不可以混着穿，男装就是男装，女装就是女装。在三国时期，男扮女装或者是女扮男装是要判刑的。

　　女扮男装并非从来没有，小时候就听说了花木兰替父从军的故事，还有祝英台女扮男装前去求学的故事。但是这些女扮男装都是非公开的。直到唐朝才有人敢公开地女扮男装走在大街上。

　　女子为什么会穿男子的衣服？花木兰穿父亲的衣服是为了替父从军；祝英台穿男子的衣服是因为祝英台所处时代重男轻女，不穿男装不能求学。而唐朝女子扮男装的原因可能是当时的女子有了权利意识，穿男装是证明男女平等的一种方式。

自隋朝开始，社会的政治和文化环境十分宽松和自由，唐朝统治者有开放意识。在唐朝，儒、释、道三教共同存在。多元化思想共同存在，儒家思想中的男尊女卑便淡化了。

唐朝时期，女子参与的社会活动越来越多，不再整天过着大门不出二门不迈的生活，女子也可以骑马射箭、打马球、蹴鞠，参加这些活动时穿长裙很不方便，所以穿男装就会很轻便。

那么，为什么唐朝会允许女扮男装这种情况出现呢？原因在于唐朝独特的审美。前面说到唐朝有一段时间以胖为美，所以，他们大多数偏爱身材壮硕的女子。女子穿着拖地长裙看上去很瘦弱，穿上男子的服装反而显得健壮。所以，女子穿男装也是符合统治者的审美的。

在服饰方面，唐朝是开放的。在唐朝，女扮男装是一种时尚。任何女子，只要她愿意，就可以穿男装。不过，女扮男装也不是没有底线的，女子可以穿男子的袍衫，可以佩戴男子的腰带，可以穿男子的靴子，但是不能把发髻遮住。不遮发髻的意图很简单，就是即使女子穿男装也能一眼看出是女性。

唐朝对于服装的要求并没有太严格，尤其是唐朝中后期。据说唐武宗的王才人曾经穿过和唐武宗一样的衣服而被认为是皇帝，能够和皇帝穿一样的衣服，这是很多朝代都是不允许的，不要说衣服，穿和皇帝一样颜色的衣服都是不被允许的。由此可见，唐朝的思想是十分开放的。

上行下效，在宫里，皇帝的妃子穿皇帝的衣服，在民间就会有妻子穿夫君的衣服、戴夫君的帽子、穿夫君的靴子。在一些阶级观念不强的地方，婢女也学着女主人穿男士的圆领服，头上裹着幞头，脚上穿着乌皮靴。

女扮男装最通常的打扮就是像男人一样在头上裹着幞头，身上穿上圆领袍，腰部系着革制的带子，脚上穿着靴子。有的女子穿的服装和男子服装有差别，在唐高宗时期，女性的男装袍子会到膝盖之下，脚面之上，袍子一般是窄口裤，上面带着条纹，腰上系着革带或者戴着蹀躞带、玉佩等，脚上穿着靴子或者是线鞋。

从唐朝的女子穿男装可看出，在唐朝的一段时间内，男女尊卑观念有所改变，追求自由和个性的意识正在动摇《礼记》中要求男女服装不可混穿的观念。

▶ **小知识**

爷娘闻女来，出郭相扶将；阿姊闻妹来，当户理红妆；小弟闻姊来，磨刀霍霍向猪羊。开我东阁门，坐我西阁床。脱我战时袍，著我旧时裳。当窗理云鬓，对镜帖花黄。出门看火伴，火伴皆惊忙：同行十二年，不知木兰是女郎。

雄兔脚扑朔，雌兔眼迷离；双兔傍地走，安能辨我是雄雌？

这是南北朝民歌《木兰诗》节选。诗中记录了木兰女扮男装替父从军的故事。女扮男装自古就有，但是唐朝之前社会上对男女服装的界限划分得很清楚。由于唐朝开放的思想观念，女扮男装是从上层社会开始的，统治阶层引领，百姓才敢女扮男装。

据说唐朝大将郭子仪有一个手下，手下的妻子蒙氏和丈夫长得很像，丈夫去世之后，蒙氏女扮男装，说是丈夫的弟弟，继续在郭子仪手下供职，15年都没有被发现。在郭子仪去世之后，蒙氏才恢复女装。

◆ 唐朝的男装（《虢国夫人游春图》局部）

唐朝女装真的暴露吗

很多以唐朝为历史背景的电视剧让观众们感觉唐朝是一个很开放的朝代，不管是《至尊红颜》还是《隋唐演义》，其中的女性角色大多穿着暴露。但是，事实上所谓的穿着暴露只是唐朝女子消暑的一种方式，和现代社会穿短裤、短袖是同一种性质。

唐朝女性服装和其他朝代有很大不同，穿着大胆，敢于更多地暴露身体部位，有四个原因。

其一，统治者政治开明，思想开放，与其他国家交流频繁，因此观念受到很大的影响。

据统计，唐朝拥有的外交国家超过100个，唐太宗、唐玄宗等唐朝皇帝都不是迂腐之人，积极汲取他国文化，因此在唐朝形成了开放的社会风气，让女子在夏天以穿着凉爽、舒适为主，不用过分在乎他人的眼光。

其二，统治者的血统。唐朝的统治者李渊、李世民都有鲜卑族的血统。李渊的母亲独孤氏是鲜卑族，李世民的母亲窦氏也是鲜卑人。鲜卑族在开放性、包容性两个方面没有汉族人要求严苛，鲜卑人生长在宽广辽阔的大草原，骑马射箭，大碗喝酒，大口吃肉，十分豪迈爽朗、不拘小节，对于别人更包容，不像封建礼教培养的人那么挑剔，在穿着上也更加大胆。多民族的文化影响着唐朝的社会风气。

其三，唐朝时期佛教在很多地方都很盛行，佛像更是常见，很多信奉佛教的女子就会仿照佛像装扮自己，穿着上袒胸露背。

◆ 女子服装领口低开

事实证明，统治者的开明对唐朝的社会文化产生了积极的影响，让百姓的生活更加丰富多彩。尤其在穿着上，由于统治阶层有了先例，所以百姓也挣脱了从前穿衣的束缚，将唐朝服饰和西域等地区的服饰相结合，让唐朝的穿衣风格焕然一新。

虽然女子的穿着有些暴露，但是穿衣服还是有很多规矩的，即使暴露，也要遵循以下几个规则：

第一，女子穿着暴露，也要注意得体。

在唐朝，女子虽然穿衣较为暴露，但也注意是否得体。我们通过唐朝遗留下来的图画可以看出，女子的裙子要系到腰部以上或者是系到腋下，最后再用丝带固定住，看起来既得体又俏皮。

另外，唐朝女子虽然着装较为暴露，但也不是任何时候都这样穿的，在参加重要宴会、招待贵宾等盛大场合时还是以保守为主。

第二，女子所暴露部位有要求。

唐朝女子爱穿"袒胸装"，但有些身体部位是所有女人都不能暴露的，公主也好，侍女也罢，唐朝女子只要出了内室的门，就不能露出肩膀和后背。

第三，在内室，对女子的服饰没有要求。

在唐朝的一些历史文物中，我们可以看到女子穿露胸装的画卷，这是因为这些侍女都是在内室侍候。

第四，根据身材决定是否穿着暴露。

穿衣服，不是学着别人穿，而是找到适合自己的。因此，在唐朝不是所有女子都穿着暴露。

▶ 小知识

> 日高邻女笑相逢，慢束罗裙半露胸。
> 莫向秋池照绿水，参差羞杀白芙蓉。

这首诗是诗人周濆的《逢邻女》。作者在烈日高照时出门去，和邻家的姑娘相逢笑着打招呼，她穿着长裙，半露着胸部。不要去池塘旁边照身影，芙蓉看到了都会因她的美丽而感到羞愧。

从诗句"慢束罗裙半露胸"中可以看出唐朝女子的服装打扮是很开放的，而且只是作为邻家的姑娘，并不是贵族之女。可见当时女子解放天性和思想，穿衣上顾虑减少，更加大胆、更加勇敢，自信地展现自身形体之美。

唐朝皇帝都穿什么衣服

电视剧中经常会出现这样的桥段：皇帝单独在宫中闲逛，一个女子撞见皇帝却没有认出来，女子一脸天真无邪，一点儿也不爱慕虚荣，皇帝便对女子动了心。

然而，电视剧终究只是电视剧，在现实的世界中，如果女子不能认出皇帝来只能说明她没有规矩。

在唐朝，即使是皇帝的便服也不是随意设计的，更不可能会出现同款，所以明眼人只要看上一眼，就绝不可能认不出皇帝。

身为皇帝，其衣服自然是数不胜数。皇帝事务繁忙，有很多外交事务，要出席很多场合，所以衣服的种类也有很多。

根据皇帝出席的场合，皇帝的服装分为礼服和常服。礼服是出席祭祀、接待贵宾、寿宴、朝会等场合穿着的服装；常服就是平时穿的便装。

唐朝的礼服叫冕服，皇帝的冕服有大裘冕、衮冕、玄冕、絺冕、毳冕、鷩冕，称为六冕。

1. 大裘冕

大裘冕是冕服中最庄重、尊贵的礼服。其冕冠无旒，木质冕板，八寸宽，一尺六寸长。冕服由黑色羊羔皮裘衣、红色裙裳和白纱中单三部分搭配而成。其实大裘冕并不实用，也不好看，所以只使用了三十多年就被废弃了。

祭拜先人是自古以来就有的传统。作为皇室子孙，对此更加重视。在唐朝，几乎每年都会有大型的祭祀仪式，皇帝会带着执事官员、妃子、儿女一同前往皇家寺院祭拜。唐朝人重视祭祀，皇帝自然要有祭服。皇帝一般祭祀天地的时候会穿大裘冕。

2. 衮冕

大裘冕被废弃之后，衮冕取而代之。皇帝可以在祭祀、调兵遣将、迎接凯旋的将军、登极、行加冠礼、纳妃、封后、庆功宴等场合穿衮冕。衮冕中的冠有金饰，12串白珠，用丝带系冠，颜色和绶带一样是黑色的。冕冠上还有黄绵制成的小球，耳朵两边各有一个，代表皇帝不妄听是非。

衮衣一般是黑色的衣服，浅红色的下裳，衣衫共有十二章纹，上衣是日、月、星、龙、山、华虫、火、宗彝八章，下身的四章是藻、粉米、黼、黻。袖口、衣领绣着龙，太阳绣在左肩，月亮绣在右肩，星星绣在后衣领下面，这意味着天子肩挑日月，背负七星。龙、山、华虫、火、宗彝每种图案绣一行，每行 12 个。

皇帝在穿衮服的时候，会在里面穿上白纱单衣，衣领是黑白相间的黼领，袖口、衣缘、大襟是青色的，上面还会有青黑相间的黻纹，膝上绣着龙、山、火。除此之外，天子还会戴一些配饰，例如革带、大带、宝剑、玉佩、绶带等。唐朝的衮服对后世的皇帝服装有很深远的影响，延续了近千年，直到清朝才被废弃。

3. 玄冕

玄冕也是祭祀服装的一种，和中单、玄衣等配套，衣服上面没有配饰。

4. 絺冕、毳冕、鷩冕

三者都是皇帝冕服的一种，并不常穿。

关于唐朝皇帝的常服，《旧唐书》中有记载："其常服，赤黄袍衫，折上头巾，九环带，六合靴，皆起自魏、周，便于戎事。自贞观以后，非元日、冬至受朝及大祭祀，皆常服而已。"皇帝的常服和百姓的常服很相似，都是窄袖的圆领袍衫，皇帝的常服大多数都是赤黄色的，赤黄色是皇权的象征，安禄山称帝时就穿了赤黄色的袍衫。

穿常服时，皇帝的头上还会戴着头巾，身上佩戴九环带，脚上穿六合靴。在唐太宗李世民之后，只要不是元日、冬至以及大型祭祀场合，皇帝都可以穿常服。

李世民统治时期还出现了两项冠服：通天冠和翼善冠。

通天冠是皇帝郊祀、朝贺、宴会时戴，或者在后宫燕居时所戴的。通天冠有 24 个梁，附蝉 12 首，还有金博山，配珠翠，用黑介帻承冠。翼善冠主要是在初一或者十五上朝的时候佩戴。它的制作主要是采用古制，形状和幞头类似。

从上面的介绍可以看出，唐朝皇帝的衣服果真是种类繁多，每一件衣服都别具特色，蕴含着丰富的文化底蕴，每一个图案也都是有寓意的。至尊无上的皇帝穿的服装都是独一无二的，如果女子真的没有认出皇帝的身份，那么也只能说她没见识了。

▶ **小知识**

> 绛帻鸡人送晓筹，尚衣方进翠云裘。
>
> 九天阊阖开宫殿，万国衣冠拜冕旒。
>
> 日色才临仙掌动，香烟欲傍衮龙浮。
>
> 朝罢须裁五色诏，佩声归向凤池头。

这首诗是唐代诗人王维的《和贾舍人早朝大明宫之作》。诗中描写了早朝前、早朝中和早朝后的情景。唐朝早朝，庄严肃穆，大明宫的人都各有职责，所有人都要认真工作，保证早朝程序有条不紊地进行。报晓的按时报晓，给皇帝送衣服的要将衣服摆放整齐，没有褶皱，开宫门的按照顺序打开宫门。井然有序的流程体现出大唐的威严。

第三章

危楼百尺，

高阁逼天

唐朝官员也会蜗居吗

2009 年，电视剧《蜗居》的播出引起了很多人的共鸣，多少刚毕业的年轻人的梦想就是能够买一套属于自己的房子，但是攒一个首付都很难，只能像一只蜗牛一样住在一个小小的地方，后来就出现了一个词语——蜗居，它指的是一个人住在很小的房间里。

唐朝的蜗居和当代社会的蜗居不同，在唐朝，有一些官员即使工作了很多年也没有一间属于自己的房子。

白居易 27 岁开始做官，在唐朝，这个年龄并不大。白居易曾任职校书郎、进士考官、集贤校理、左拾遗、京兆府户部参军、太子左赞善大夫等，一度平步青云，身居高位，俸禄也是随官职上涨的，但是，白居易还是住在朝廷分配给官员的一间小屋子里。朝廷给分配的住处，只要官员还没有成亲都可以去住。

唐朝时期，很多京官都是从自己家乡考科举来到京城，他们在京城并没有自己的住处。所以，大多数未婚官员是集体蜗居。

虽然是朝廷分配的"宿舍"，但是，官员们的蜗居条件并不好。睡的床并不是软绵绵的褥子，而是十分破烂的草席。门帘不是珠光宝气、闪闪发光的，而是根本没有门帘。房屋也不是修缮完好的，夏天时常外面下大雨，屋里下小雨，秋天是外面刮大风，屋里吹小风。

条件稍微好一点儿的会有窗户，至少还能让阳光洒进屋子，屋内不至于太过潮湿。一些条件不好的官员住的地方连窗户都没有，像《还珠格格》电视剧主人公小燕子作的那首诗"走进一间房，四面都是墙"。

从这里可以看出唐朝的官员并不容易，寒窗苦读数十载，好不容易熬出头当了官，可能还是无法拥有一间像样的房子。和他们比起来，还是生活在现代社会的人们要更好一些，有的用人单位会给优秀员工提供一套住房，还有些单位会给员工提供住房补贴，这比唐朝时好几个人挤在一个房间强多了。

▶ **小知识**

山不在高，有仙则名。水不在深，有龙则灵。斯是陋室，惟吾德馨。苔痕上阶绿，草色入帘青。谈笑有鸿儒，往来无白丁。可以调素琴，阅金经。无丝竹之乱耳，无案牍之劳形。南阳诸葛庐，西蜀子云亭。孔子云：何陋之有？

这是唐代文学家、哲学家刘禹锡的铭文《陋室铭》。刘禹锡任职监察御史时，参与了王叔文的"永贞革新"，革新失败的他被贬。但是，刘禹锡没有任何怨言，还在门上写了"垂柳青青江水边，人在历阳心在京"。

刘禹锡的陋室虽然周围有山有水，让人觉得清静，但是也意味着位置偏僻，远离市中心，房屋建筑简陋。而且"苔痕上阶绿，草色入帘青"也写明屋子外面长满了青苔，常年无人打理。刘禹锡的日常生活也丝毫不奢侈，弹的是没有任何装饰的琴。刘禹锡被贬，即使他仍是朝廷官员，生活也十分清贫，不得不蜗居。

建筑大气，威震四方

中国的建筑文化有几千年的历史，各种各样的建筑让城市更加美丽。

唐朝是中国古代封建社会经济和文化发展的兴盛时期，建筑和艺术得到了很大的发展，尤其是首都长安，修建了很多的宫殿、别苑、官府。最有名的便是长安城内的大明宫，虽然唐朝没有技术盖几十米高的大楼，多以二层小楼为主，但是唐朝的建筑别具特色。

当代人总说见字如见人，一个人写出来的字是什么样的，就能看出他这个人是什么样的。这句话最早始于西汉文学家扬雄的"书，心画也"。这句话是说书法是用心描绘出来的。读书人写出来的字多温和醇厚，豪迈的英雄写出来的字多刚毅有力，清新脱俗的人写出来的字多爽朗洒脱，一个人在不同时期写出来的字也是不一样的。

建筑和字一样，设计建筑的人和他设计出的建筑是匹配的。唐朝的建筑特点和唐朝人的性情也是非常匹配的，主要有以下几个特点。

特点一：面积上比之前王朝的大

前面提到，唐朝人性格豪爽、大气。所以，唐朝的建筑也是规模宏大的。就都城来讲，相比之前的来说，唐王朝的是最大的。长安城是最繁荣、最宏大的都城。

特点二：建筑群中主次分明

唐朝的统治者对都城建筑非常重视，在建筑上加强了主次的分明，空间上强调加大主体建筑，增强了主体建筑的气势。在一个建筑群中，很容易分辨出主体建筑和陪衬建筑。

特点三：帝陵设计更多利用自然地形

唐朝帝陵的设计和之前的王朝不同。唐朝利用自然地形，在陵墓中建造长的神道，气势磅礴，周围设计石雕，样式上雄伟、大气。

特点四：弃土选木

唐朝之前，建筑多是选择用夯土建筑，唐朝开始大面积使用木头作为建筑主要构件。在建筑上，唐朝更加规范，在建筑速度上也明显加快。

特点五：建筑水平提高

唐朝的建筑流程和现在相差无几，都是先画好图，经过审核之后才动工，设计师可以在现场督工、指挥。

特点六：砖石建筑使用更加广泛

从唐朝开始，佛塔用砖石建造。至今留下来的唐朝佛塔都是用砖石建造的，有阁楼样式的、密檐样式的、单层塔样式的。

◆◆ 小雁塔

特点七：强调力与美的结合

唐朝曾以胖为美，所以，建筑也要盖得"胖"一点儿，建筑中也体现出力道。例如，唐朝的建筑中有斗拱的结构，有柱子，有梁，木构造型中的鸱吻也粗犷简单。

唐朝在设计建筑时就像打造一个完美的女子，既要有力，又要美，色彩既要简洁又要明快，屋顶的设计上像女子的长发，既要舒展，又要平缓，门窗就像穿着，既要朴实无华，又要端庄大方。

总之，能够让一座建筑物综合多个特点，必然是独具匠心，煞费苦心的。

▶ 小知识

> 危楼高百尺，手可摘星辰。
>
> 不敢高声语，恐惊天上人。

这首诗是唐代浪漫主义诗人李白的《夜宿山寺》。李白住在深山里的一个寺庙，夜里他前往藏经楼，看着山上的寺庙感叹，这楼真高啊！好像有一百尺。人站在楼上，似乎一伸手就能摘下天上的星星。站在高楼之上，人却不敢大声说话，担心惊动到天上的神仙。

唐朝的一尺约等于 30.7 厘米，一百尺约 31 米，相当于现在的 10 层楼。一个"危"字体现藏经楼的峻峭，"手可摘星辰"和"恐惊天上人"都体现出藏经楼之高。

买一套房子需要多少钱

　　自 21 世纪以来，房子一直是一个热门话题，房价更是百姓最关心的问题。房子涨一点儿，百姓的心抖三抖。其实房价问题不是现代社会才有的，远在唐代，百姓也有买房的担忧。

　　寒门子弟和壮丁会为了生计四处奔波，而学习的地方也无法遮风挡雨，房子年久失修，很不保暖。在盛世的时候这种情况还少一点儿，但是安史之乱之后，这样的家庭是数不胜数的。

　　据史料显示，唐玄宗时期，占地 3 亩的房屋售价是 138 贯。折合今天的人民币约 40 万元，3 亩地大概是一栋别墅的面积。

　　从现在的角度来看，都城长安的房价很便宜，但是在当时的唐朝，对于大多数百姓来讲这个价格还是天价，为什么会这样呢？

第一，人口数量变多

在唐朝之前的任何一个朝代都没有达到唐朝这样的繁华程度。国家富强，社会繁荣，百姓安乐，人口就变得越来越多。史料中记载，在唐朝最鼎盛的时期，长安的人口超过100万。长安的面积是不变的，房屋数量也是有限的，人口数量变多了，住的地方就变少了。

第二，宫城和东西市占据面积大

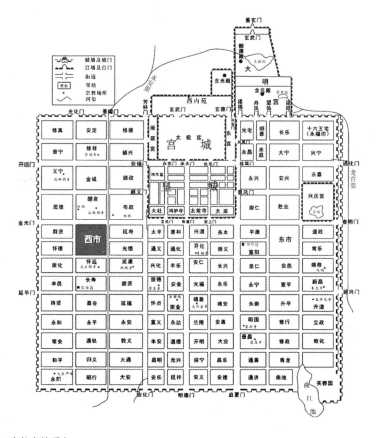

◆ 唐长安城西市

隋朝时期，在宇文恺的设计之下，长安城面积是 100 多平方公里，分为宫城、市、坊三个部分。唐朝时，因为天子扩大了宫城的范围，而坊的面积几乎没有变化。唐朝法令规定，只有皇帝和后宫能住在宫城，其他人都住在坊间。坊间的面积不变，人数变多，所以分到个人的面积就变小了。

第三，房屋结构的设计

唐朝时期的房子不像现在的房子，处处都是高层，空间利用率很高。在唐朝除寺庙里的藏经楼、佛塔之外，其他的建筑一般都是二层小楼，或者是平房。唐朝时期还有很多四合院，前面是大厅，后面有花园，空间利用率低，因此在住房上出现极端，有房子住的人住得很宽敞，而没有房子住的人就只得蜗居，或者住在偏远的草屋。

第四，百姓收入不高

虽然唐朝的房价在今天看来很便宜，但是不管多便宜，百姓都要有钱才行。唐代普通百姓的收入主要来自农业生产，出售粮食。而且百姓还要把自己生产出来的大部分粮食都交给朝廷，一年下来所剩无几。

唐朝官员的收入也不多。用唐代诗人白居易来举例子。白居易 27 岁步入仕途，在他任职校书郎的时候，俸禄是 16000 文，折合成今天的人民币是 8000 元，一个月 8000，即使不吃不喝，也要 4 年才能买得起房。

后来任职京兆府户部参军，白居易的俸禄超过 4 万文，年薪超过万文。这种情况下，白居易不吃不喝 2 年才能买得起房。但是，白居易要吃要喝，平时还得喝点小酒，还得养家糊口。所以，白居易在长安做了近20年的官，也没有钱买一套房子，最后只得在渭南买了房子。

柴门寂寂黍饭馨，山家烟火春雨晴。
庭花蒙蒙水泠泠，小儿啼索树上莺。

水香塘黑蒲森森，鸳鸯鸂鶒如家禽。
前村后垄桑柘深，东邻西舍无相侵。
蚕娘洗茧前溪渌，牧童吹笛和衣浴。
山翁留我宿又宿，笑指西坡瓜豆熟。

这是唐朝末年诗僧、画僧贯休的《春晚书山家屋壁二首》。

作者描绘的是一户住在山村里的人家。这户人家虽然住在山里，交通不方便，家中不够豪华，但是，这里有山有水环境好，能吃得上米饭，家境应该是小康。从"庭花"可以看出这户人家有一个院子，里面还种着树和花。

这户人家可能是依靠桑柘、瓜豆等为生，虽然没有做官，但是能够拥有一座属于自己的房屋，还有院子，也算是衣食无忧。由此可见，唐朝和现代类似，距离市中心越近的房子越贵，位置越偏僻越便宜。

唐朝的屋顶都长什么样

对一套房子来说，屋顶是十分重要的组成部分。屋顶不好，房子会坍塌；屋顶不严实，屋子会漏风漏水。对屋顶不了解的人认为屋顶只是用来遮风挡雨的，其实屋顶的作用很多，它还有承重、围护的作用。房屋中的屋顶文化也是十分有特色的。

如果你去过四川峨眉山，就会知道峨眉山的终点峨眉山金顶是唐朝时期建立的。峨眉山金顶又称为华藏寺，它的屋顶是用锡瓦盖的。唐朝采用锡瓦是非常普遍的。唐朝高级的屋顶有很多种，讲究力与美的唐朝在屋顶的建设上有很多高级的屋顶样式。

唐朝不仅在穿衣服上有严格的等级区分，房屋的屋顶也分为三六九等。唐朝涌现出许多高大、美轮美奂的建筑，在这些建筑中可以看到，如果建筑物是皇家的或者是非常受重视的，那么它的屋顶设计一般都是以下四种中的一种。

第一种：庑殿顶

庑殿顶是唐朝等级最高的屋顶，这种屋顶代表着高贵、皇权。只有皇家宫殿、皇家庙宇能设计这种屋顶。

中国古代的建筑，屋顶大多数都是"人"字形，庑殿顶是所有人字形屋顶中最豪华、最大气的。庑殿顶有一条正脊、四条垂脊，屋顶的前后左右四面各有一个斜坡，因此，庑殿顶又称为五脊殿。

庑殿顶最早源于殷商时期，现在我们能看到的最著名的庑殿顶设计是北京故宫里的太和殿。

第二种：歇山顶

在唐朝，只有官员的等级达到五品以上，才能把自己家的屋顶设计成歇山顶的模样，否则就是以下犯上。

歇山顶有一条正脊、四条垂脊、四条岔脊，它又被称为九脊顶。歇山顶有两种类型，一个是单檐，一个是重檐。檐就是屋檐的意思，单檐就是屋顶上只有一层屋檐，重檐就是屋顶上有两层屋檐。

单檐和重檐也有贵贱之分，在唐朝，重檐的屋顶要比单檐的屋顶高贵。

经过查阅发现，最早记载歇山顶的是汉代，中国最有名的歇山顶建筑是北京的天安门，天安门是重檐歇山式。

歇山顶和其他屋顶最大的不同在于它是庑殿顶和硬山顶的结合，

所以样式是四种屋顶中最有趣的。

◆◆ 唐代歇山顶建筑南禅寺大殿

第三种：悬山顶

悬山顶的等级较低，在京都一般是看不到的，重要建筑更不会采用这种屋顶，在南方的民居中倒是可以看到悬山顶。

悬山顶有一条正脊、四条垂脊，屋檐比较宽，能伸到山墙的外面。它是中国最古老的屋顶样式，在新石器时代就有悬山顶了。

在四种屋顶设计中，悬山顶的防雨能力是最强的。

第四种：硬山顶

硬山顶是四种屋顶中地位最低的，也是最简单的"人"字形屋顶。它只有前后两面坡，屋檐是最平的，设计简单，朴实无华，唐朝的百姓家用的几乎都是硬山顶，尤其是北方的百姓。和硬山顶相匹配的砖瓦是青瓦中的板瓦。

硬山顶的防风能力和防火能力是非常好的。

当你走在唐朝的巷子里，通过屋顶的样式就可以判断出屋顶下主人的身份，是不是很有趣？

▶ 小知识

八月秋高风怒号，卷我屋上三重茅。茅飞渡江洒江郊，高者挂罥长林梢，下者飘转沉塘坳。

南村群童欺我老无力，忍能对面为盗贼。公然抱茅入竹去，唇焦口燥呼不得，归来倚杖自叹息。

俄顷风定云墨色，秋天漠漠向昏黑。布衾多年冷似铁，娇儿恶卧踏里裂。床头屋漏无干处，雨脚如麻未断绝。自经丧乱少睡眠，长夜沾湿何由彻！

安得广厦千万间，大庇天下寒士俱欢颜！风雨不动安如山。呜呼！何时眼前突兀见此屋，吾庐独破受冻死亦足！

这首诗是唐代伟大的现实主义诗人杜甫的《茅屋为秋风所破歌》。这首诗作于杜甫流寓成都之时，当时的他四处求助才在浣花溪旁边盖了一个茅屋。因为杜甫没有钱，所以只能用茅草当屋顶。外面一下雨，屋顶就开始漏水，屋里也会变得十分潮湿。由此可见，杜甫的生活是多么窘迫，连一个遮风挡雨的栖身之地都没有。

家里可以摆放哪些家具呢

生活的必需品有很多，家具便为其中之一，就一个家庭来说，买完房，装修完毕，就得买家具了。随着时代的发展，家具的风格也越来越多。现在的家具有现代简约风格、简欧风格、田园风格、中式风格、地中海风格，不同性格的人选择的家具的风格自然也不一样。

每种家具的风格都符合时代的特点，不同的时期就会有不同的流行元素。唐朝家具的风格就和大唐的国风相吻合，大气磅礴、宽大厚重、繁华奢侈。

唐朝的家具一：案

"举案齐眉"这个成语想必大家都很熟悉，案是指古代用来端食物的托盘，或者是长条的桌子，又或者是架起来可以用作台面的长方形木板。案多为木制的。唐朝的案有很多种。

青瓷案是长方形的，案的四面有拦水线，下面有两足板状腿，是吃饭时用的。

银香案的案面两端卷翘，两只板状腿呈"S"状。在板腿的下面，前后两面都有一条横枨用来托住板腿，让板腿更加坚固。

陶案也有板状腿，长方形的两个短边翘头，一般用作读书。

曲足案是长方形的，四面皆平，没有翘头，也没有拦水线。案子的腿是向外弯曲的，不高，可以放在竹席或者床上。

在几种案中，撇脚案的造型最为复杂，它的案面两端上翘，中间部分有束腰，四条腿呈"扁S"形状，上端向内，中间向里，下端向外。案腿的上面有牙条，前后有拱形花枨。

唐朝的家具二：柜子

在柜子上，唐朝增加了很多设计元素，最著名的柜子是三彩柜。三彩柜有四只兽面腿，柜子的腿比案腿还要粗，柜面雕刻着精致花饰和乳钉。柜面上有盖子，盖子上有暗锁，柜子的四个角均凸起。

唐朝的家具三：月牙凳

月牙凳是唐朝人发明的。凳子的腿部弧度很大，上面有精致的花纹，即使是小小的凳子腿，都有雕刻和彩绘。月牙凳的两腿之间都装饰彩穗，凳子上还配有精致柔软的坐垫，每一处都用尽心思。

质量上，月牙凳敦厚结实，凳面呈月牙形，两边高、中间低，不仅样式具有美感，而且符合人体工程学。

月牙凳华丽精美，设计别有特色，价格不菲，通常只有贵族才能使用，尤其是唐朝体态丰腴的美人，衣着光鲜，与月牙凳十分和谐匹配。

唐朝的家具四：椅子

在唐朝，人们的坐卧方式更多是席地而坐、席地跪坐、伸足平坐、侧身斜坐、盘足迭坐或垂足而坐，所以使用椅子的时候较少，几乎是看不到椅子的。

唐朝的椅子有很多种样式，其中较为出名的有四脚粗壮、钉在地上的高元珪的座椅，有很宽很大、设计精美、庄严端庄的六尊者禅椅。还有一种正方形的方凳，坐面是正方形，边缘是曲线形，四条凳子腿是直线的，内缘是曲线形的，两腿之间形成壶门轮廓，四条腿都有内勾的勾脚。

唐朝的家具五：床

唐朝的床没有现在的床这么软，样式也比较传统，有以下几种类型。

平台床是四面平的床，床的四个腿都是直角直线，里面是曲线，底部是四个向内的花饰脚。造型虽然简单，但是很多地方都有雕饰设计，平台床显得十分华丽。

箱式床的表面像一个箱子，又宽又大，四周有多个镂空的椭圆形。高度上，箱式床比平台床矮一些。

屏风床以箱式床为底座，左右无屏，后部有四个扇形的高屏，类似今天有靠背的床。

和床类似的还有榻，唐朝的独坐榻是正方形的，榻下有托泥，两条腿之间有壶门轮廓，最早源自魏晋时期。

▶ 小知识

绝顶一茅茨，直上三十里。

扣关无僮仆，窥室唯案几。

若非巾柴车，应是钓秋水。

差池不相见，黾勉空仰止。

草色新雨中，松声晚窗里。

及兹契幽绝，自足荡心耳。

虽无宾主意，颇得清净理。

兴尽方下山，何必待之子。

这首诗是唐代诗人丘为的《寻西山隐者不遇》。"窥室唯案几"写出隐者的家具摆设，虽然是隐居，但他还是在家里摆设了案板和茶几。所谓隐者，隐居山中不仕，没有俸禄，还能有案和茶几，可见在唐朝，茶几和案对于日常生活来讲是非常重要的，价格并不贵，也是文人雅客钟爱的家具。

唐朝租房贵吗

在唐朝买房和现在一样，也是为了能在一个城市落户。中国的户籍制度已经有2000多年的历史了。在唐朝，户籍制度就已经管理得很严格了。任何一个人想要离开自己的户籍所在地，都需要向官府报备，说明要去的地方、时间、原因，说明之后带着官府出具的通行证才能走出城门。

在住房上，唐朝和现代不同的是，唐朝的住房是永久性的。因此，在唐朝，人们买房的愿望更加强烈。

在唐朝要先买土地，买好了地就盖房子，确定好地址，才能向官府申请地契文书。

长安的房子并不少，但是，还是有很多人在租房子。首先，因为房价太高，除了生意人很少有人能买得起房子。唐朝的大臣郑权身处高位，因为高风亮节、为官清廉，所以还是"无数亩之宅，赁屋以居"。其次，唐朝的达官显贵和现在的有钱人一样，喜欢多买几套房子，市中心一套，城外一套，距离上班近的地方一套。有的地方要留出土地修建皇家寺庙。因此，唐朝的房子可以说是僧多粥少。

现在的社会很多租客在租房子之后，会按照自己的喜好去装修一下房子，将家中打造成自己喜欢的风格，一般只要不破坏房子的原有结构，不让房东花钱，很多房东都不会阻止租客重新装修。但是，如果在唐朝，租客是没有权利去改造自己租的房子的。而且，在唐朝时期，整个中原的房子都是大唐风。在和国外的交流中，还没有引进外国的装修风格，所以也就很少有人想到要改造房子。

对于租来的房子，他们可以在院子里挖出一个小池子来养鱼、养乌龟；或者在后院修建一个亭子，和朋友一起作诗吟诵、喝酒聊天；又或者在后院开辟一块土地，种上自己喜欢的花和蔬菜。

当时在长安，大多数人都选择租房子或者住客栈，或者住朝廷分配的房子。租房子的人可能是要参加考试的考生，租房子较为清净，可以好好学习；还有一种租客是来长安旅行的。

在长安城里，最受欢迎的、租客最多的是平康坊的房子。平康坊是一处风月场所的聚集地，歌舞升平，十分繁华。

最后，咱们来说一下唐朝租房的价格。一个月的房租差不多是1000文，折合人民币大概500块钱，和现在二三线城市单间的价格差不多。诗人杜甫最初也是在长安城里租房子住的，但是因为拖欠房租，迟迟无法缴纳，最后只能到长安的偏远地区继续租房子。

唐朝租房和现在一样，越是繁华、交通便利、靠近市中心的房子价格就越贵，越偏远的地方价格越便宜。

▶ **小知识**

> 游宦京都二十春，贫中无处可安贫。
>
> 长羡蜗牛犹有舍，不如硕鼠解藏身。
>
> 且求容立锥头地，免似漂流木偶人。
>
> 但道吾庐心便足，敢辞湫隘与嚣尘。

这首诗是唐代伟大的现实主义诗人白居易的《卜居》。白居易在长安做官20年，都没有钱买一套属于自己的房子，一直处于租房的状态中，生活也十分贫困。每每看到自己租的房子，他都会羡慕有住所的蜗牛和能藏身的老鼠，只希望自己能够早日有安身之所，不要再做四处漂泊的木偶人。能有一间属于自己的房子他就心满意足了，也不嫌房子狭小与喧闹。

房屋有哪些类型

唐朝距今已有上千年的历史了，大多数建筑都没有保留下来。唐朝的建筑多数是木质的，再结实的房子也抵不过上千年的风吹雨打。虽然真实的建筑保留下来的很少，但是有唐三彩建筑模型。

"三彩"兴于唐朝，是陪葬品的一种。在唐朝，人去世之后，他的亲人会在他的墓中放一些陪葬品，甚至建造一个和生前生活的房子一模一样的模型。三彩主要为陶器，上面有多种色彩，以黄、绿、白为主。

当代社会人们买房的三个重点是地段、价格、格局，其实在古代也是一样的，越有钱的人买的房子越大，布置会更加细致。唐朝和现在的好地段都是距离市中心近的地方，价格当然都是越繁华的地方越高。在买房上，唐朝和现在最大的差异就是对格局的要求了。

唐朝的平房较多，有钱人住的都是四合院，而现代社会，很少有人住四合院了。现在的人大多买楼房，户型有一室一厅、两室一厅、两室两厅、三室一厅、三室两厅等。虽然格局不一，但是人们对好格局的房子的定义没有太大变化，都认为阳光充足的卧室是好的，最好是南北通透的阳光房，朝向最好是坐北朝南。这一点，唐朝和现在是很相似的。

唐朝的房子有十种类型。

第一种：对称四合院

四合院是大家最熟悉的一种古代房屋建筑类型，其形象在电视上经常出现。唐朝的四合院一般是在宅子里两个主要房屋中间，用带有直棂窗的回廊连接起来的院式建筑。四合院中，对立的两面是对称的。如果你看唐朝房子的平面图，会发现大多数房子都有明显的中轴线且左右对称。对称建筑是唐朝最普遍的建筑式样。

皇室贵族或者有钱人都会住在四合院中。不同身份的人四合院的设计也是不同的。同样是大门，贵族的门和平民的门差别是很大的，这种差别不仅体现在材质上，而且体现在外形设计上。一些贵族宅院的大门采用的是乌头门的形式。他们还会在四合院的后院创建山池院或者较大的园林，种一些果树、花草，开一个池塘，养一些鱼。一些人会把四合院的后院布置得充满诗情画意，有小岛、小桥、羊肠小道；一些人则布置得豪华高贵。

唐朝初期，民风淳朴，以俭为荣，即使是著名的谋臣、唐太宗李世民面前的红人魏徵，住的地方也是十分简陋的。

到了武则天时期和唐朝中期，奢侈之风开始流行，朝廷官员的住处越来越大、越来越奢华。唐肃宗时期官员郭子仪因为平定安史之乱有功，所以得到了封赏，他的住处很大，据说他在自己的家里来回走都需要坐马车，奴才婢女众多。

许多官员之间有交往，在交往过程中，同僚们看到其他人的豪宅，也相互攀比，建造豪宅。唐朝的《封氏闻见记》第五卷《第宅》篇里有记载："至天宝中，御史大夫王有罪赐死，县官簿录太平坊宅，数日不能遍。"就是说，御史大夫王因罪被赐死，官员去他的宅子里清算，结果好几天都没有登记完。由此可见，宅子有多豪华。

第二种：庭院

庭院和四合院类似，也是由回廊组成的，只是宅子里面的房屋不对称。

第三种：狭长四合院

狭长四合院和对称四合院不同，它没有回廊。

第四种：三合院

三合院相对四合院来讲简陋一些，在布局上十分紧凑，它没有四合院的倒座房，也就是没有大门侧面的房屋。

第五种：长方形的两进院落

两进院落是从前门到宅子的后面有两个门，进两次门，便称为两进院落。院子分为前堂、后寝、廊房、亭台、园林等。前堂一般用来招待客人，类似于今天的客厅。后寝一般是休息的地方。廊房、亭台、园林都可以作为休闲的地方。两进院落也是轴式建筑。

第六种：茅屋

茅屋是一种普通的房屋，是平常百姓住的地方。茅屋也有两种：一种是带院子的，就是封闭式的；另一种就是不带院子的，开放的。

第七种：庄园

庄园也是有很多种的，一般包括房屋、园圃等，有些庄园还会有农田、池子、花园。

第八种：毡帐

毡帐一般是西域人和突厥人住的，用兽毛、兽皮等制成的可以防寒的帐篷。

第九种：竹屋

竹屋是用竹子做成的屋子，虽然竹屋看上去十分风雅，但是容易引起火灾，安全性不高。

第十种：地穴

在唐朝，吐鲁番地区的人会住在地穴中，原因是吐鲁番的地表温度过高，常常有大风天气，地穴冬暖夏凉，并可抵御风沙。

总之，在唐朝，越是有钱的人家房子格局越复杂，功能越多。

> 故人具鸡黍，邀我至田家。
>
> 绿树村边合，青山郭外斜。
>
> 开轩面场圃，把酒话桑麻。
>
> 待到重阳日，还来就菊花。

这首诗是唐代诗人孟浩然的《过故人庄》。孟浩然受到邀请前往朋友家做客。朋友为他准备了丰富的酒菜。

从这首诗中可以看出这位朋友的家在乡下村子里，村子里有谷场、菜园。由"待到重阳日，还来就菊花"可以得知他们喝着酒聊了一些有关桑麻的收成后，约好了下次在菊花开的时候再欢聚。

孟浩然是与王维齐名的田园诗人，他们两个各有千秋，从这首诗可以看出孟浩然擅长写人与自然的和谐之美。而且他的诗静中有动，把场景写活了，拉近了读者与诗人的距离，更让人觉得诗歌反映的感情质朴自然，读来朗朗上口。

当然，这首诗也给我们展现了唐朝某处农村的面貌，绿树、青山围绕着村子，打开窗户能看到谷场、菜园，村子里种桑种麻，还种菊花，可谓是一个田园归隐的好去处。

唐朝人是如何买房的

最近几年，很多城市都颁布了房屋限购政策。很多人认为限购政策是最近几年才有的，其实不然，早在唐朝就有限购政策了。

在唐朝建立之初，百姓生活祥和，房价并不高，只有极少数人没有房子住。安史之乱后，唐朝的盛世不再，兵荒马乱之后很多人失去了家园，物以稀为贵，房价便开始上涨。

现在买房，首先要签订购房合同，其次交钱，最后办理产权变更。整个买房和卖房过程只涉及买方、卖方和相关管理部门。但是在唐朝，买房和卖房是非常麻烦的。

首先，卖房先问亲友。

《唐会要》中有记载："天下诸郡逃户，有田宅产业，妄被人破除，并缘欠负租庸，先已亲邻买卖。"

在唐朝，卖房不是你想卖就能卖的，首先要询问亲戚、朋友、邻居，如果他们要买，那么就不能卖给别人，只有他们都不买，才能把房子卖给外人。不经过询问，就把房子卖给其他人是要获罪的。

其次，买卖双方要上报官府。

在唐朝，房产的买卖双方进行产权交易要上报官府，只有官府同意才能"立契""申牒""过割"，房产的买卖合同才具有法律效力，私自交易一经发现要受到惩罚。

最后，根据人口情况还有限购令。

◆◆ 唐代壁画里的住宅

唐朝律例中规定，普通三口之家最多只能有一亩宅基地，每多三

108

口人，政府多给一亩地。若是农奴，五口之家最多拥有一亩地，每多五口人，政府多给一亩地。在规定之上每超过一亩地，就要被打十大板。唐朝的户籍管理制度并不完善，为了更好地管理百姓，官府不允许居民到非户籍所在地买房。

唐朝为什么要在买房上有限制呢？原因有以下几点：

其一，为了防止贫富差距过大。唐朝在房产上设置了限购令，不至于出现富人好几套房子，穷人没有地方住，百姓怨声载道的状况。

其二，为了方便维护治安，保护百姓安全。如果百姓可以随意在非户籍所在地买房子，那么当地的人对新来的人不了解，如果新来的人有前科，是小偷或者杀过人，就会对他周围邻居的财产和生命构成威胁，所以卖房最好卖给知根知底的人。这也是对百姓的人身财产安全负责。

其三，保护宗族财产不向外流失。唐朝时期人口众多，没有计划生育，每户人家的孩子很多，老人去世之后，房产就是多个孩子共有的，所以买卖房子要多个人同意，否则很容易产生争斗。宗族的房产也是家族的象征，承载了一个家族的回忆和奋斗史，是非常珍贵的。

其四，限制房价。限购令的出现会在短时间内导致房价下跌。

在唐朝，房产中征收的赋税一直是朝廷赋税的主要来源，尤其到了唐德宗年间，大唐繁荣不再，朝廷更加需要赋税来缓冲。

总之，从买房和卖房的程序上来看，不管是唐朝还是现代，人们买房和卖房都是一件大事，尤其是卖房，唐朝的程序要比现代还复杂。

可能这也和在中国人的心里房子是家也是根有关，所以，人们一直对房子十分重视。

复有贫妇人，抱子在其旁。

右手秉遗穗，左臂悬敝筐。

听其相顾言，闻者为悲伤。

家田输税尽，拾此充饥肠。

今我何功德？曾不事农桑。

吏禄三百石，岁晏有余粮。

念此私自愧，尽日不能忘。

这段诗节选自唐代诗人白居易的《观刈麦》。从诗中我们可以知道，唐朝底层百姓生活的艰难，为了缴纳赋税，几乎一年都不休息，即使是家庭困难，也不能不缴纳赋税，诗中的妇人家为了缴税连田地都卖了。

写这首诗时，白居易仅有 36 岁，时任陕西盩厔（今陕西省周至县）县尉，负责缉拿盗贼、征收捐税之事。农民卖房卖田都要经过官府，想必他已经看到许多百姓为纳税而卖房卖田，因此他感触颇深，对百姓有着深切的同情。

唐朝的房子也有等级之分吗

前面讲到，唐朝的衣服有高低贵贱之分，屋顶有高低贵贱之分，从中可知，唐朝是等级观念很强的王朝，男女、贵贱、官民分得十分清楚，并且不可逾越，一旦逾越要受到严厉的惩罚。

在唐朝，官员住的房子和工作等级息息相关。唐朝人的房屋类型很多，可官员不能随便住。《唐会要·舆服上》记载，唐朝对各级官员和平民的住宅有着明确的规定：

王公以下，舍屋不得施重栱藻井。

三品以上，堂舍不得过五间九架，厅厦两头门屋不得过五间五架。

五品以上，堂舍不得过五间七架，厅厦两头门屋不得过三间两架。仍通作乌头大门。勋官各依本品。

六品七品以下，堂舍不得过三间五架，门屋不得过一间两架。非常参官，不得造轴心舍，及施悬鱼、对凤、瓦兽、通栿乳梁装饰。其祖父舍宅，门荫子孙，虽荫尽，听依仍旧居住。

其士庶王公宅第，皆不得造楼阁，临人家。

又庶人所造堂舍，不得过三间四架，门屋一间两架。仍不得辄施装饰。

从这个律例中我们可以看到，唐朝关于阶级和住房标准有明确的规定，且在数量上十分精确。

而且住宅装饰也和阶级有关。唐朝规定，平民百姓的房子上面不能有任何装饰，如果人住的房子等级高于身份，那么要受到一百杖刑。

那么，贵族人家的宅子是什么样的？《太平广记》中记录了唐代政治家、军事家郭子仪在亲仁里的住宅，他的住宅面积占据整个里巷的四分之一，"家人三千，相出入者，不知其居"。就是说，有主仆三千人，进出这里的人都不知道他住在哪里。还有一些官员用琉璃、沉香等名贵的材料装饰住宅，把宅子装饰得富丽堂皇。

《太平广记》中还记录了唐朝修道之人的住宅布局："其所居也，则东向南向，尽崇山巨石，林木森翠。北面差平，即诸陵岭。西面悬下，层溪千仞，而有良田，山人颇种植。其中有瓦屋六间，前后数架。在其北，诸先生居之。东厢有厨灶，飞泉檐间落地，以代汲井。其北户内，西二间为一室，闭其门。东西间为二室，有先生六人居之。其室前庑下，有数架书，三二千卷。谷千石，药物至多，醇酒常有数石。"

在唐朝，标准住房是朝向南面，有正房、厢房、长廊、厨房、茅厕和能放各种物品的地方。

平民百姓的房子就十分寒酸，大多数都是狭窄、矮小、光弱的草屋。屋顶只能用油瓦（油瓦是一种建筑材料，可以遮雨，阳光能从油瓦透进屋里），很多屋子都没有窗户。如果家里人多，一间房住不下，就在屋子的半空钉个架子，让体重较轻的儿女睡在上面。

在唐朝，草堂也是一种常见的房屋类型，一些隐士、厌倦官场的人、志趣高尚的富人可能会有草堂。

◆◆ 杜甫草堂

和草堂类似的是草屋，唐代诗人白居易就在洛阳建了一所草屋，并且描述草屋是"新结一茅茨，规模俭且卑。土阶全垒块，山木半留皮。阴合连藤架，丛香近菊篱。壁宜藜杖倚，门称荻帘垂"。意思是，白居易盖这个草屋规模小且简陋，整个草屋全都是用土垒的，有一部分是从山上砍下来的树木搭建的。他还在草屋旁边搭了藤架和菊花篱笆，墙壁适合靠藜杖，门适合垂荻帘。

▶ 小知识

> 万里桥西一草堂，百花潭水即沧浪。
>
> 风含翠篠娟娟静，雨裛红蕖冉冉香。
>
> 厚禄故人书断绝，恒饥稚子色凄凉。
>
> 欲填沟壑唯疏放，自笑狂夫老更狂。

这首诗是唐代著名诗人杜甫的《狂夫》。安史之乱后，国家逐渐安定，心也安定的杜甫就在浣花溪边上盖了一座草堂。草堂十分简陋，但是风景却十分秀丽，不远处有万里桥，旁边有百花潭，眼前有绿竹，池里有荷花，扑面而来的不仅有微风，还有荷花香，环境非常宜人。但他的现实处境却是因为没有了朋友接济的禄米，一家子长期挨饿，即使在这样的情况下，他仍选择"疏放"，可见杜甫的面对困难不屈的态度。

唐代住房有什么忌讳

　　唐朝的第一大宗教是道教，道教讲究修炼成仙、长生不老。在唐朝，想成为神仙要先做到长生，如何长生，最重要的是"练气""养气"，即接收天地之气，调和阴阳之气，把握虚实之气，主宰昼夜之气。在唐朝人看来，修道类似于养生。对于房子这种要用一辈子的东西，唐朝人非常重视。

　　有房子才有家，家能遮风挡雨，家是心灵的港湾。家和万事兴，在唐朝，一个家能够祥和不仅要靠人，还要看风水。想要风水好，就要躲开禁忌。住房的禁忌从选地开始，在唐朝，买房子之前，百姓会请一个风水先生，让风水先生来看一下这块地怎么样，唐朝人最忌讳住的地方处于低洼处或者地方狭小，除了这两点，只要地没有太大问题，百姓就会购买。随后人们会把家里有几口人、盖几间屋子，大概的格局想法告诉风水先生，对不合理的地方进行修改。

唐朝有一著名道士名为司马承祯，他是道教上清派茅山宗第12代宗师，享年96岁，是很多唐朝人的偶像。

关于住宅风水，司马承祯在《天隐子养生书·安处》中提道："非华堂邃宇、重裀广榻之谓也。在乎南向而坐，东首而寝，阴阳适中，明暗相半。"这句话的意思是住的地方可以不华丽、不富贵、不大、不舒服，但是一定要朝向南面坐，睡觉的时候头要朝向东面，屋子里的阴阳之气要和谐，明暗也不能相差太多。因此，唐朝时期盖的房子大多数都符合司马承祯说的，这是盖房的基本。

唐朝的建筑样式也和住房人的身份息息相关。如果住房的人是老百姓，那么他家的大门不能面对街上，只有朝廷三品以上官员家的大门朝向是没有限制的。家门口刷什么颜色的油漆、门环设计成什么样子都不是随便决定的，要根据大唐律例。

除了寺庙，大唐几乎没有高楼，人们有多少土地，盖多大的房子政府都是有规定的。长安城内土地少，人多，皇亲贵族要有大房子，所以一般百姓的家都不太大。唐朝人不太讲究物质，地位也是按照士农工商从高到低排列的，在唐朝人看来，有才华有品位比有钱更重要。因此，在去别人家做客时不要说"我家的院子比你家的大""你的卧室太小了""这张桌子的木料太简陋了"之类的话。

除了阳光，房子的通风性也很重要。"吾所居室，四边皆窗户，遇风即合，风息即开；吾所居座，前帘后屏，太明即下帘，以和其内映，太暗则卷帘，以通其外耀。"为了通风，有人会在四面墙上各装一扇窗户，这样不仅能通风，还能透过窗户看到阳光和窗外的风景。

通风、阳光和风景为何重要？"内以安心，外以安目，心目皆安，则身安矣。"在内，开窗通风透阳光能够让人安心；在外，风景能够让眼睛安适。眼睛和心都安了，身自然就安了，归根结底还是可以修身养性。

唐朝人信奉道教，信风水，归根结底是希望能够借此庇护子孙，兴旺家业，让家人幸福安康、祥和顺遂。

宅子建完之后不能直接入住，先要祈福镇宅。这里涉及一个风俗——上梁。在工匠架设屋梁的时候，主人要制作美味的食物来犒赏他们，然后朗读颂词，最后大家把饼、钱等往梁上抛撒。

最后，房子盖好了就要暖宅，人们带着衣服、被子和日常用品等搬进新宅，和和气气地住上几天，表示对幸福生活的期待。

▶ 小知识

> 西塞山前白鹭飞，桃花流水鳜鱼肥。
>
> 青箬笠，绿蓑衣，斜风细雨不须归。

这首诗是唐代诗人张志和的《渔歌子》。据说，张志和的朋友颜真卿在湖州做刺史，他乘船前往湖州拜访朋友，去时正是暮春时节，两人重逢，看到西塞山前有白鹭在天上自由自在地飞翔，江岸边的桃花开放得十分娇艳美丽，江水上涨，正是鳜鱼肥美的时候。远处的渔翁头上戴着青色的斗笠，身上穿着绿色的蓑衣，虽然是斜风细雨，还能悠然地坐着垂钓，不回家。

颜真卿作为刺史，在湖州所住之处并不是十分华丽，但是一个依山傍水的地方。在唐朝，人们认为山水都是有灵气的，住的地方有山有水就有可能是风水宝地，能够带给人好运。据史料记载，颜真卿在公元 768 年任职抚州刺史，五年后改任湖州刺史。在西塞山待了几年后，在公元 777 年，通过杨绾、常衮等人的推荐，颜真卿应召回朝，任职刑部尚书，后来又任吏部尚书。

第四章

千里江陵，
浮生半日

唐朝都有哪些出行方式

生活离不开衣食住行，虽然"行"排在最后一位，但依然是必不可少的。科技的发展让国人的出行方式发生了很大的变化。

以前，百姓出行依靠的是自己的脚和牲畜，现代人出行依靠的是自行车、公交车、私家车、火车、飞机等。

在距今有1400多年的大唐，出行方式则是少之又少。唐朝的出行方式主要有步行、骑马、坐马车、坐船。

在这4种出行方式中，骑马是最贵的出行方式。在唐朝，马分为2种，一种是私人的马，简称为私马；另一种是官员、皇家用的马，称为官马。一匹普通的马售价25000文，官马的价格是私马价格的2倍，而上好的马的价格是私马价格的2倍或3倍，普通百姓是买不起马的，更不用提骑马出游了。

马车是第二贵的出行方式。虽然坐马车会十分颠簸，但是马车的速度很快，在官道上的马车平均算一般一天能行驶 30 多公里。

唐朝坐马车的收费标准和当今社会出行方式的收费标准有很大差异，现在的人坐公交车、打出租车、坐火车等行李不超重时是不收行李费的，只收路费。而在唐朝，如果坐马车，只有行李不太多的时候才不收行李费，马车费是 1 公里 2 文钱；如果行李过重，超过 50 公斤，那么每 50 公斤就加收 100 文钱。

在乘坐马车赶路的过程中，人们不是不休息的。如果马车预计要走 20 天，那么可能总共要休息 5 天，整个路程预计 25 天，乘客也要付 25 天的钱，总额是 2 两银子，折合人民币大概是 4000 块钱，价格不菲。因此在唐朝马车不是平民百姓最常用的交通工具，而是皇亲贵胄最常用的交通工具。

和坐马车相比，走水路更划算。唐朝时期的水路开辟了很多条路线，可以说是畅行无阻。在行李方面，船能承载的行李比马车多。在客容量上，船也大于马车。马车一般要有休息，而船可以 24 小时行驶。最重要的是，坐船比坐马车便宜很多。

但船也有缺点。首先船在短途上没有马车快，而且没有水的地方只能走马车。其次船的行驶受天气影响，不是什么时候都可以出发的，只有风浪不大的时候才能出发。船如果顺水行驶，每天能够行驶 200 多公里，快的话能到 300 多公里。如果行驶 30 天，那么最后路费大概要 100 文钱。如果船是逆风行驶，那么乘船的价格可能要翻倍，要 200 多文钱。

坐船的费用除了船费，还包括食宿费，食宿费的价格约等于船费。如果船费是200文，最后一共要给船家400文。

1两银子等于1000文铜钱，唐朝的二品官一个月可以拿到9000文的月薪，如果要回乡，大多数人都会选择水路，毕竟不能把辛苦挣来的薪水都花在路费上。

最省钱的出行方式就是步行了，除了要食宿费，其余都不用花钱，而且一个人走，吃住都是能省则省，吃个窝窝头就能饱，住在寺庙里也是可以的。不过步行并不适合长途跋涉，因为体力消耗严重，走的速度会一天比一天慢，所以要长途跋涉，就要提前几个月动身。

▶ 小知识

一封朝奏九重天，夕贬潮州路八千。

欲为圣明除弊事，肯将衰朽惜残年！

云横秦岭家何在？雪拥蓝关马不前。

知汝远来应有意，好收吾骨瘴江边。

这首诗是唐代诗人韩愈的《左迁至蓝关示侄孙湘》。韩愈早晨把一篇谏书上奏给朝廷，晚上就被贬潮州。从诗中可以看出，韩愈虽然被贬，但仍然是朝廷官员，所骑的马应为官马。

在官道上的马车一天能跑30多公里，而朝廷的马应该比马车跑得更快。诗中说"夕贬潮州路八千"，八千是虚数，由此可见路途遥远。

没有快递，怎么邮寄

"飞车跨山鹘横海，风枝露叶如新采。"杨贵妃爱吃荔枝的事情广为流传，但长安并没有荔枝，这些荔枝都是从其他地方运过来的。

在唐朝，各个地方都会向朝廷进献贡品，通过陆路或者水路贡船运送贡品，有奇珍异宝、美味佳肴、上等丝绸等。

福建、广东和广西盛产荔枝，但这三个地方距离长安很远，为了保证杨贵妃能吃到鲜美的荔枝，会采取两种办法：一是用竹筒保存荔枝，保证荔枝新鲜；二是缩短路程花费的时间。

在唐朝，传送加急军情的信使每天能行 500 里，为了让杨贵妃吃到鲜美的荔枝，在皇帝的压力之下，运送荔枝的队伍每天能够行驶600~700 里，荔枝采摘后的 2~3 天就能到达长安。荔枝一般在采摘后的第 6 天开始不新鲜，所以，杨贵妃吃到的都是新鲜的荔枝。

在唐朝，邮寄、运送东西的地方叫邮驿。按照运送东西的速度和类型可以将邮驿分成两类：一个是官驿，一个是民驿。官驿传送的大多数是军情、重要文件、皇帝旨意等。民驿传递的大多数是信件、口信等。

贵妃的事情重要，所以荔枝才会很快送到。民驿的传递速度相比官驿要慢很多。

官驿邮寄的费用是官家出，而普通百姓自己寄东西就需要自己出钱。有些百姓没有钱邮寄物品和信件，就只托驿员捎个口信。邮寄的流程和现在的快递一样，将要邮寄的东西交给驿站，写清收件人和地址，交钱之后就可以了。

唐朝时邮驿十分盛行，驿站最多时有近 2 千个，包括陆路驿站、水路驿站、水陆兼办驿站，从事邮驿的人数达 2 万多人。每个陆路驿站都配备驿员、马匹、马车等，水路驿站配备船只、船夫、小厮等。

驿站也分三六九等，级别越高的驿站配备的人员和物资越多，级别小的驿站配备的人员和物资也就少。

中央一级的邮驿在朝廷兵部的管辖范围内，地方邮驿由判官管辖，州府的邮驿由馆驿巡官或者是本州兵曹、司兵参军监管，县城邮驿由当地县令管理。驿站的负责人称为驿长。

不管是陆路运输还是水路运输，运输路线都是事先规定好的，驿员不能私自改变。

大唐的都城是长安，所以，邮驿以长安为中心，设置了七条重要路线，这七条路线可以让驿员到达大唐的所有地方。

第一条，起点是长安，终点是西域的西北驿路。途经泾州、会州、兰州、鄯州、凉州、瓜州、沙州，直到安西都护府。

第二条，起点是长安，终点是西南的驿路，途经兴元、利州、剑州、成都、彭州、邛州，直到今川藏地区。

第三条，起点是长安，终点是岭南的驿路，途经襄州、鄂州、洪州、吉州、虔州，直到广州。

第四条，起点是长安，终点是江浙福建的驿路，途经洛阳、汴州、泗州、扬州、苏州、杭州、越州、衢州，直到福建泉州。

第五条，起点是长安，终点是北方草原地区的驿路，途经同州、河中府、晋州、代州、朔州，直到北方单于都护府。

第六条和第七条，连接山东、东北地区和荆州、夔州、忠州等四川云贵地区。

大唐地域辽阔，邮驿不仅有国内路线，也有国外路线：

第一条，从营州入安东道。

第二条，登州海行入高丽、渤海道。

第三条，夏州塞外通大同云中道。

第四条，中受降城（地名，在今包头西）入回鹘道。

第五条，安西入西域道。

第六条，安南通天竺道。

第七条，广州通海夷道。

通过这些路线就可以到达朝鲜、日本、中亚等地。

规划运输路线，可以让运输过程有条不紊。唐朝时没有电脑，没有电话，没有汽车，却一样可以保证物品运输的效率，保证物品不丢失，可见唐朝时人们是很聪慧的。

▶ 小知识

> 残灯无焰影幢幢，此夕闻君谪九江。
>
> 垂死病中惊坐起，暗风吹雨入寒窗。

这首诗是唐代诗人元稹的《闻乐天授江州司马》。

元稹和白居易是很好的朋友。元和十年（815年），元稹被贬通州，不久之后，白居易被贬为江州司马。官员的升迁也会有信使将消息通报，在通州的元稹听到这个消息之后，就立刻给白居易写了一封信。

没过多久，白居易就收到了元稹的诗。从这里可以看出，唐朝的邮驿是十分灵活的。白居易从长安赶往江州的途中也能收到信，原因在于贬谪的路线是事先规定好的，邮驿可以大概算出送到信时白居易走到了哪里。

春游去哪里

唐朝人是最会享受生活的，休闲惬意丝毫不输现代人。他们围在一起吃火锅，吃烤肉，穿胡装，贴花钿，会吃会穿当然也会玩。

"春游"已经有两千多年的历史了，先秦时期，许多男男女女的爱情都始于春游。如《关雎》中有："关关雎鸠，在河之洲。窈窕淑女，君子好逑。"《出其东门》中有："出其东门，有女如云。"可见出门的女子很多。《溱洧》中有："士与女，殷其盈矣。"描绘了城外因春游人多而热闹的场面。在春游中，许多男女一见钟情，私定终身。

中国著名的教育家孔子也是一位春游爱好者。"莫春者，春服既成，冠者五六人，童子六七人，浴乎沂，风乎舞雩，咏而归。"到了春天，穿上春装，约上五六个成年朋友，带上六七个孩子，在郊外沐浴、吹风，一路风景一路歌。

到了魏晋时期，三月初三被定为上巳节。人们在这一天出行，去郊外陶冶情操，在山水之间品茶、饮酒、赋诗。著名的《兰亭集序》就是王羲之在春游之时写下的。

到了唐朝，春游的习俗不仅没有消失，而且已经成为一项全民参与的户外活动。尤其是文人骚客，他们对春游十分喜爱。

和之前的朝代不同，唐朝的春游不仅在上巳节，还有寒食节、清明节。在这三个节日，朝廷的官员们都有公休假，不用上早朝。不仅有假期，皇帝还会给官员们发礼物和俸禄，让他们去郊外游玩。

唐朝人游玩的地方有很多，走多远和游人的阶级相关。如果是官员或者天子出行，他们可以坐马车或者骑马，速度较快，走的地方就比较远，看到的风景更多。如果是平民百姓，没有马也没有车，出行只能靠步行，能到达的地方就不远。

在唐朝，有四个受人欢迎的春游之地。

第一个：终南山。

"终南捷径"这个成语就出自唐朝。在唐朝，终南山是很多人隐居的地方，也是长安城人们春游的一个好地方。元稹在《与吴侍御春游》一诗中写道："苍龙阙下陪骢马，紫阁峰头见白云。满眼流光随日度，今朝花落更纷纷。"其中，紫阁峰就在终南山，由此可知唐朝官员结伴骑马出游去的就是终南山。唐朝著名诗人白居易也写过："晨游紫阁峰，暮宿山下村。"还有一位诗人专门以"紫阁峰"为名写了一首诗："壮国山河倚空碧，迥拔烟霞侵太白。绿崖下视千万寻，青天只据百馀尺。"可见紫阁峰在当时人们心中的位置。

第二个：渭水。

渭水也是许多人最喜欢去的地方，因为那里风景秀丽，景色宜人。李白去了渭水感叹："渭水银河清，横天流不息。"岑参到了渭水看到"晴开万井树，愁看五陵烟。槛外低秦岭，窗中小渭川"。李商隐、白居易、崔颢等人也都曾去渭水游玩过。

第三个：城南曲江。

大唐的曲江是长安的一个文化地标，曲江位于长安的东南郊外，附近有紫云楼、芙蓉苑、杏园、慈恩寺等景点，四处有花，水波荡漾。在曲江河畔春游，唐朝人还发明了曲江游宴，在花草之上，铺一张草席，众人席地而坐，吃着糕点，沉醉于山水之间。

雍裕之在曲江河畔写道："殷勤春在曲江头，全藉群仙占胜游。"权德舆在《酬赵尚书杏园花下醉后见寄》中感慨："春光深处曲江西，八座风流信马蹄。鹤发杏花相映好，羡君终日醉如泥。"刘禹锡游览曲江后赞叹："三春车马客，一代繁华地。"由此可见，这个有山有水有花有园的地方，连情操高尚、优雅淡泊的诗人都无法抗拒。

第四个：江南。

江南，听着就是一个文雅的地方。小时候大家就背过白居易的《忆江南》："江南好，风景旧曾谙。日出江花红胜火，春来江水绿如蓝。能不忆江南？"虽然只有短短的27个字，却描绘了江南的好风景，金黄的日出，娇艳的花朵，清澈的江水，一派秀丽风光，让人沉醉。

即使离开了，也时常怀念。

　　爱江南的不止白居易，杜牧也曾前往江南留诗："千里莺啼绿映红，水村山郭酒旗风。南朝四百八十寺，多少楼台烟雨中。"虽然是细雨微风中，也别有一番风味。皇甫松游览江南，永生难忘："兰烬落，屏上暗红蕉。闲梦江南梅熟日，夜船吹笛雨潇潇。人语驿边桥。"

　　江南的风、江南的雨、江南的江、江南的船、江南的花……都让人沉醉、思念，处处柔情，谁能忘怀？不过，到江南春游的多是官员，毕竟距离不近，百姓没有马匹和马车，来回不便。

▶ 小知识

> 孤山寺北贾亭西，水面初平云脚低。
>
> 几处早莺争暖树，谁家新燕啄春泥。
>
> 乱花渐欲迷人眼，浅草才能没马蹄。
>
> 最爱湖东行不足，绿杨阴里白沙堤。

　　这首诗是白居易的《钱塘湖春行》。白居易也是一个旅游达人，一生去过很多地方，他为官多年，在许多地方任职的闲暇之余都出游过。

　　这首诗应该创作于长庆三年（823 年）或者长庆四年（824 年）春天。白居易来到钱塘湖，欣赏美景，因为有马可骑，所以来去方便。虽然有时间还可以再来，但还是依依不舍。由此可见，钱塘湖的风景的确引人入胜。

没有导航，如何知道路

中国古代有四大发明：造纸术、印刷术、火药和指南针。每项发明都对人们的生活产生了重大的影响。造纸术和印刷术对文艺方面影响很大，火药对军队的战斗力影响很大，指南针则对人们的出行产生很大的影响。

指南针发明之后，人们可以携带指南针出门。后来人们发明了行进地图，可以通过看地图确定行进路线。之后，很多城市出现了向导，这些向导对所在城市的街道、建筑等十分熟悉，几乎是无所不知。不过，让向导带路是要付钱的。

21世纪的今天，很多人都会通过自驾去近的地方，他们在车上安装了导航。但是，唐朝没有导航，唐朝人是如何辨别方向的？如何知道走了多少里路？如何知道什么时候转弯呢？

唐朝虽然没有导航，没有地图，但是有道路交通网。早在秦始皇统一天下之后，道路交通网就正式建成了。道路交通网是把之前有的各个主道连接起来，设计好统一的道路宽度和车轨宽度。唐朝的道路分为两种：一种是官道，一种是私道。由朝廷统一规划、修建的道路叫作官道。因为官道是政府修建的，所以道路干净、整洁、车少、质量高。官道是用鹅卵石或者青石板铺成的，道路平整。

官道主要用来传递官方信息、运送贡品、运送粮食、行军打仗，它也是官员出差的路，和今天的国道相似。官道的建立都是以都城为中心延伸的，都是低一级主干道向高一级主干道靠近。每一条主干道下面有多个分支，连接所有城镇乡村。

私道不是个人修的道路，而是地方官员修建的道路。私道通常是石板铺成的，或者就是土路。

不管是官道还是私道，都有很多分岔，那么在行进的路上如何知道走哪条道呢？现在的路上会有路标，指明道路，而唐朝更多的是树木。道路两旁都栽了树，步行的人走累了，可以坐在树下乘凉，骑马或者坐马车的人可以通过树木判断方向。

现代道路上的路标不仅有行进方向还有距离。唐朝没有路标，用的是驿站，每隔30里就会设置一个驿站，通过路过的驿站的数量就可以知道走了多少里路。唐代的驿站主要用于传递军事消息，接待传递公文的使者和奉召赴任的官员，并为其提供住宿条件。不过，普通百姓可以向驿站里的人问路。

除了驿站，唐朝的路上还有堠和指示牌。堠是标记里程的土堆，每隔 5 里建一个。指示牌就是在上面写明在这个分岔路口，向左走到达什么地方，向右走到达什么地方。

唐朝还发明了高架路，高架路又称为复道，类似于今天的快速路。快速路两边有架子，中间悬空，而高架路是沿着悬崖峭壁筑成的。大多数高架路是封闭式的，道路的两旁有小窗，走在高架路上的人能看到外面的风景，但是外面的人看不到高架路上的人。通常唐朝皇帝出行会走高架路，否则皇帝出行是要清场的。

长安城的高架路线路很长，从东北方向的大明宫到东南方向的皇城兴庆宫，到最南边的曲江池都修建了高架路。高架路的修建，不仅方便了朝廷，也方便了百姓。

> ▶ **小知识**

> 蓝桥春雪君归日，秦岭秋风我去时。
>
> 每到驿亭先下马，循墙绕柱觅君诗。

这首诗是唐代诗人白居易的《蓝桥驿见元九诗》。白居易被贬江州，在前往江州的路上，他在驿站暂作停留。白居易想到他的朋友元稹在年初时经过蓝桥驿，那时的蓝桥驿大雪纷飞，如今他来到蓝桥驿是秋风瑟瑟。因为在这个驿站看到了元稹之前留下的诗句，所以每到达一个驿站，白居易都立刻下马，沿着驿站的墙壁仔细查看，希望还能找到好友的题诗。

白居易虽然被贬谪了，但他还是朝廷官员，自然享受朝廷官员的待遇，可以在驿站休息、吃饭。

唐朝人出国容易吗

要放长假了，如果想放松一下，可以去北京登长城，念一句"不到长城非好汉"；去香港走一走，唱一句"东方之珠，我的爱人"；或者到海南看看海，深情来一句"海上生明月，天涯共此时"。这些都很容易实现。不过，你要是想去泰国、新加坡、印度尼西亚，喝点肉骨茶，做一个SPA，就有点儿困难了，因为出国没那么容易，手续比较多，第一次出国的人，有可能因为办各种手续而放弃出国。

说起唐朝的出国，最有名的就是唐三藏西天取经和鉴真东渡了。如果你认为唐三藏和鉴真能出国是走正规程序的，那你就大错特错了！他们两个是偷渡出去的，胆子是不是肥得超出你的想象呢？

在对外开放这件事上，唐朝的宗旨是：想私自出境？不可能！想进来？可以呀！进来了？那就别想走啦！

唐朝明明对外开放，为什么不允许私自出境呢？

唐玄奘西行之时是唐太宗时期，唐朝刚刚建立，虽然疆域辽阔，但是，因为战争损失了很多人，朝廷担心人口进一步流失。另外，西行之时恰逢唐朝和东突厥打仗，边防守卫严格，谁知道你是不是打着取经的名号投靠敌人呢？

《唐律疏议·卫禁律》规定：除非公事，有皇帝的公文，否则不允许出境。如果未经允许跨越出境，那么要受 2 年的牢狱之灾。官员出境要接受严格的检查，只允许携带处理公务的东西、简单的衣物等，不允许携带私货，否则按照盗窃罪处置。如果在境外和其他人有交易，一经发现，罪上加罪。如果交易中涉及军火、军事机密，那就是踩地雷了，等着午时三刻受绞刑吧。

《西游记》中唐僧的出行是奉皇帝旨意，他能够顺利通过各个国家，很大一部分原因是他有通关文牒。

通关文牒曾被称为符、节、传、公验、度牒、过所和路证，类似于今天的护照，上面有国家的印玺，说明持有人可以在这个国家自由通行。通关文牒上会写明发牒国家、发牒原因、放行请求和发牒日期。

来看一下《西游记》小说里李世民给唐僧的通关文牒是怎么写的。

南赡部洲大唐国奉天承运唐天子牒行：

切惟朕以凉德，嗣续丕基，事神治民，临深履薄，朝夕是惕。前者，失救泾河老龙，获谴于我皇皇后帝，三魂七魄，倏忽阴司，已作无常之客。因有阳寿未绝，感冥君放送回生，广陈善会，修建度亡道场。

感蒙救苦观世音菩萨金身出现，指示西方有佛有经，可度幽亡，超脱孤魂。特着法师玄奘，远历千山，询求经偈。倘到西邦诸国，不灭善缘，照牒放行。须至牒者。

大唐贞观一十三年，秋吉日，御前文牒。

神话故事不是历史。真实的玄奘，没有任何通关文牒，于贞观元年一人"偷渡"出关，西行五万里，历经110个国家，到达印度佛教中心那烂陀寺取回真经。他的一生，堪称传奇。

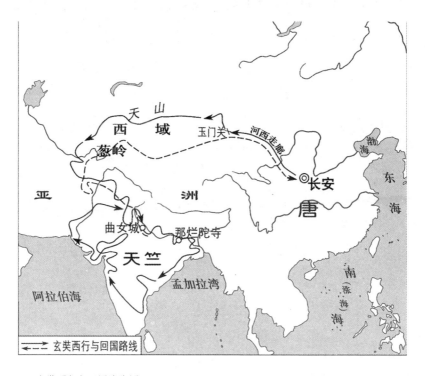

◆ 玄奘西行与回国路线图

137

> 日本晁卿辞帝都，征帆一片绕蓬壶。
>
> 明月不归沉碧海，白云愁色满苍梧。

这首诗是唐朝诗人李白的《哭晁卿衡》。天宝十二年（753 年）暮春初夏之际，李白遇见了魏颢，从魏颢处听闻晁衡在回国途中因为遭遇风暴去世的消息，深感痛苦和悲伤。

其实，晁衡在那次海难中幸免于难。因为晁衡辗转时间过长，李白等人一直没有得到晁衡的消息，所以他们误认为好友去世了。

在唐朝出境是一件非常危险的事情，大唐律例对出境的限制一方面是限制国人，另一方面也是保护国人。不过在唐朝，普通百姓大多没有出境的需求。

唐朝人出行要注意什么

现代社会进城出城非常方便，自驾、坐客车、火车或者飞机都能进出城，但在唐朝就不同了。

唐朝的每个城门都有守城侍卫，如果你穿着怪异，不符合唐朝人的服装标准，那么守城侍卫根本不会让你进，理都不会理你，还可能会把你推倒。当一个穿着正常的唐朝人走向城门要进城，那么守城的侍卫就会对这个人进行盘问："你是从哪里来的？""你是干什么的？""公验拿来我看一下。"

前两句很容易明白，不过，第三句中的"公验"很多人就不明白了。公验类似于今天的身份证，是官府出具的证明文件，其中包括身份证明公验、路证公验、商贸交易公验。有了公验，就可以在大唐的各个城市随意进出。

公验是申请人主动申请的，在公验上要写明申请时间、申请人的名字、申请的理由、申请人的年龄、申请人的社会阶层。如果申请人进城出城要携带一些物品，也要在公验中写好清单，不在清单里的物品是不允许私自带进城或者带出城的。在公验中须说明自己要去哪里，途中会经过什么地方，官府批准后会在公验上加盖公章，写明批准时间。

在唐朝，想要出门一定要带好公验，否则连城门都出不去。唐朝对公验的检查十分严格，不仅是城门，关隘、边戍、街铺、村坊、佛堂、寺庙、旅馆等都会对公验进行检查。

即使有公验，守城士兵也要搜查进城人或者出城人的行李，一旦发现火药等违禁物品，就会立即将其逮捕。

如果出城人或者进城人拿不出公验，那么守城的护卫会把这个人绑起来，当作逃跑的奴隶或敌国的奸细。

有人会想，那么用钱收买守城士兵是不是可以呢？答案是否定的。大唐律例明确规定：守城士兵如果放没有公验的人入城或者出城，将会被判一年流放苦役。倘若没有公验的人是罪犯，那么守城人将会与罪犯同罪。

有了公验，进了城也不能大摇大摆地走。现在的交通规则是右侧通行，为了保证交通秩序，还设置了红绿灯。虽然唐朝没有红绿灯，但是在街上行走也是有一定规则的。

第一，靠右行走。

"右侧通行"这个规定唐朝时就已存在。唐太宗年间，经济发达，人口众多，贸易变多，出去旅游的人也越来越多。因此，城门口总是会挤着很多人。面对这种情况，守城的侍卫焦头烂额，为了解决拥挤问题，中书令马周就想到了一个办法，规定："城门入由左，出由右。"自此，唐朝的城门口井然有序，出城的排成一队，进城的排成一队。

第二，限速行驶。

大街上，除了车的行驶方向，行驶速度也非常重要。如今，很多道路都有限速，在唐代也有关于限速的规定。

盛唐时期，人口众多，大街上也是人声鼎沸，为了避免发生交通事故，《唐律疏议》中规定："诸于城内街巷及人众中，无故走车马者笞五十，以故杀伤人者减斗杀伤一等。"意思是，在人员密集的地方，尤其是城内，不管是驾车还是骑马都不允许快速行进，除非有加急的军事情报，否则一经抓住就要被打50下板子。倘若交通事故造成了人员伤亡，则按照故意伤人杀人的低一级进行判处。

在唐朝，故意杀人将被判处死刑，死刑的低一级处罚是流放3000里。

第三，避让。

唐朝一直是有等级观念的，并且这种观念在人的心中根深蒂固，时刻提醒着人们自己的地位是高高在上或者是低微的。唐朝出台了历史上的第一部交通法规，名为《仪制令》，其中规定："贱避贵，少避老，轻避重，去避来。"意思是地位低微的人要躲避着地位高贵的人，年少的人要躲避着年长的人，身上有轻东西的人要躲避着身有重物的人，出一个地方的人要躲避着来这个地方的人。除了第一点，剩下三点还是展现了一定礼节的。

▶ 小知识

　　城门郎掌京城、皇城、宫殿诸门开阖之节，奉其管钥而出纳之……开则先外而后内，阖则先内而后外，所以重中禁，尊皇居也。候其晨昏击鼓之节而启闭之。承天门击晓鼓，听击钟后一刻，鼓声绝，皇城门开；第一冬冬声绝，宫城门及左右延明、乾化门开；第二冬冬声绝，宫殿门开。夜第一冬冬声绝，宫殿门闭；第二冬冬声绝，宫城门闭及左右延明门、皇城门闭。其京城门开闭与皇城门同刻。承天门击鼓，皆听漏刻契至乃击：待漏刻所牌到，鼓声乃绝。凡皇城，宫城阖门之钥，先酉而出，后戌而入；开门之钥，后丑而出，夜尽而入。宫城、皇城钥匙，每日入前五刻出闭门，一更二点进入；五更一点出开门，夜漏尽，第二冬冬后二刻而进入。京城阖门之钥，后申而出，先子而入，开门之钥，后子而出，先卯而入。京城门钥匙于东廊下贮纳，每去日入前十四刻出闭门，二更一点入；四更一点出开门，夜漏尽，第二冬冬后十刻入……

　　这段文字节选自《唐六典》，从这里可以看出唐朝的城门管理十分严格，开门和关门的时间都有着精准的规定，丝毫不差。城门的钥匙不是由一个人掌管，而是放在固定位置，由门仆在规定时间送钥匙。很少情况会延迟开门或关门。

唐朝的旅馆什么样

　　旅馆在古代有很多称谓，例如旅店、旅舍、旅邸、邸舍、邸店、逆旅、客舍、村店等。在唐朝，旅馆称为逆旅、旅舍、客舍和村店。

　　唐朝的旅馆和现在的旅馆一样，都是以营利为目的，入住的人越多，挣的钱就越多。因此，唐代的旅馆大多建在人多的地方，例如长安和洛阳。因为往来游客最多，商人最多，每年还有科举考试，所以长安的旅馆是最多的。

　　需求多，价格自然就贵。长安和洛阳的旅店价格是普通城市的近两倍，尤其是科举考试期间或旅游旺季，可能会出现客房爆满的情况。

　　除了城内，城外也有旅馆。城外的旅馆一般有两种：一种是与驿站相邻，名字与驿站一样的，比如马嵬驿和马嵬店；另一种是设置在两个驿站中间的。

旅馆一般是提供住宿的地方，但是，唐朝有很多旅馆就像今天的酒店一样，不仅提供住宿，还提供食物、沐浴和代步工具。很多人赶路到了旅馆都已身心疲惫，且大多数人都人生地不熟，不知道去哪里吃饭，所以，有些旅馆就为旅客提供食物。最简单的是烧饼和米汤，好一些的便是肉类和火锅。

很多旅客可能会去远一点的地方，不买马就去不了太远的地方，可他们又没有买马的钱。因此一些旅馆会提供牲畜作为代步工具租给客人，像是马匹、驴等，还可以提供轿夫，但是要先支付押金和工钱。

客人赶路时间长，染了一路风尘，尤其是夏天，一定是汗流浃背，到了旅馆就要洗澡。冬天赶路到客栈后洗个热水澡是非常舒适的。

唐朝时处处体现着贵贱等级，客栈里的客房也有等级之分，从高到低是天号、地号、人号、通铺、柴房和马圈。

客人确定住什么房间之后还要出示身份证明，店主对客人的信息进行登记。记好从什么时候开始入住，什么时候退房，其间都点了什么菜，洗了几次澡。有没有借过收费的物品，是否归还，这些也是要记录的。

出门在外，最重要的就是安全问题了。在盛唐时期，强盗小偷较少。不过在战乱时期，就会有很多盗贼打家劫舍，行李和盘缠都有可能被偷，所以有很多旅人会随身携带利器防身。当然敌众我寡的时候，还是不得不认栽。

▶ 小知识

> 旅馆寒灯独不眠，客心何事转凄然？
>
> 故乡今夜思千里，霜鬓明朝又一年。

这首《除夜作》出自唐朝边塞诗人、世称高常侍的高适之手。高适一生屡屡漂泊，即使过年，也没能回到家里和家人团圆。虽然是朝廷官员，但是他这一次没有像从前一样住驿站，也许是驿站已经人满为患，也许是附近没有驿站。不过这些对高适来讲都不重要，重要的是此时此刻除夕夜，他距离故乡千里迢迢。

高适后来职位很高，还被封了侯。创作这首诗的时候，高适已经步入中年。因为种种原因，没能及时赶到家，所以住在旅馆，他内心的孤独和凄苦是不言而喻的。从中也可以看出唐朝的旅馆即使是在过年之际，也是不打烊的。

唐朝人有说走就走的旅行吗

近年来，网络上流行一句话：来一场说走就走的旅行。现在人们旅行是为了散心，但是在唐朝，几乎没有人为了散心去旅行。

李白离家后写出："举头望明月，低头思故乡。"陈子昂独自谋生，不遇知音，最后"念天地之悠悠，独怆然而涕下"。离家在外的人很少是带着游乐的心情离乡的。不是为了科举考试，就是为了谋生，或者是奉公出差，都有许多的无可奈何和孤独凄楚。

虽然唐朝的国教是道教，但是人们并没有完全摒弃儒家思想，孔子的"父母在，不远游，游必有方"的观念还是深深地影响着人们。

可见，在唐朝是没有说走就走的旅行的，前面已经讲到，唐朝人出城之前要去官府报备、申请公验，没有公验，就连城门都出不去，又谈何旅行？

除了申请公验，一般来说，在唐朝出远门前还有 4 项程序。

一、整理行李

几乎所有人远行前都要整理行李，整理好行李后要看好时间再出发。在唐朝，出门远行的人大多数选择在五更天出发，也就是凌晨 3 点到 5 点的时候。

二、祭祀路神

祭祀路神就是古人所说的"祖送"，目的是希望这个人一路上能够得到路神的庇护，一帆风顺，平平安安。

三、饯行

唐朝的饯行和当代社会的饯行十分相似，只是地点不同，现在饯行一般在家里或者在酒店举办，唐朝的饯行是在路边。在 1986 年版的《西游记》电视剧中，唐僧要离开，唐太宗就是在路边给唐僧饯行的。现在的饯行一般都是大鱼大肉，但是在唐朝饯行主要是喝点儿小酒。

四、折柳

出行前折柳这个习俗早在汉代就有了。远行的人在出发之前从柳树上折下一段柳枝带在身上，时刻提醒自己不忘家乡、不忘本。

现在每个国家都有旅游业，为了促进旅游业的发展，国家是鼓励旅行的。唐朝还是农耕型社会，人们一年到头都很忙，不管是男性还是女性，都是非常重要的劳动力，劳动越多，收获越多，能缴纳的税就越多。因此，国家是不鼓励人们出行的，唐朝也因此没有旅游业。

如果出行，普通百姓也要有合理的理由，探亲、拜访朋友、婚丧嫁娶、生意买卖还是可以的，但是距离上有要求，如果超过要求，官府会派人一直跟着他，直到这个人回到家乡。

即使顺利通过出行的申请，交通工具也会因为阶级受到限制。马不是有钱就可以骑的，即使是能骑马和坐马车的官员在马和马车的装饰上也有等级之分。

成功出城之后，如果在路上遇到了熟人，不管是骑马还是坐马车都要立刻下马下车，才能与熟人交谈。寒暄过后，小辈儿要等到长辈上车上马，目送长辈离开之后才能上车上马离开。

▶ 小知识

> 下马饮君酒，问君何所之？
>
> 君言不得意，归卧南山陲。
>
> 但去莫复问，白云无尽时。

这首诗是唐代诗人王维所作的《送别》。王维得知友人即将归隐，前来送行，两个人一同饮酒。从诗中我们了解到给人送行要喝酒这一习俗。

唐朝文人为什么喜爱旅游

很多诗人都写过关于景色的诗句，但是这些地方并不是这些作者的故乡，诗歌很多是作者在旅游的时候写下的。虽然在唐朝没有说走就走的旅行，但文人依然都喜爱旅游。

唐朝时期，特别是政治和经济发展的鼎盛时期，旅游也达到了鼎盛时期。当时旅游的原因可以分为两种：一种是客观原因，另一种是主观原因。

客观原因共有四种：

第一种，像李白、杜甫一样，在官场上不得意，所以四处漂泊。

第二种，像陈子昂、岑参一样的边塞诗人，因为出征，所以前往塞外，并创作了许多边塞诗歌。

第三种，像孟浩然、王维一样的山水田园诗人，他们喜爱山水田园的宁静，创作了许多山水田园诗歌。

第四种，像刘禹锡、柳宗元一样的宦游诗人，因为被贬谪，所以在被贬谪的地方寄情山水。

在很多古诗的题目中都可以看到"谪""贬""迁"等代表官职调动的字眼，例如李白的《闻王昌龄左迁龙标遥有此寄》。因贬谪的苦闷或者升迁的喜悦，诗人看到风景后有感而发，创作诗歌。诗人们看似在旅游，其实只是在赴任的路上，他们并不是想要旅游，而是在奉旨行事。如果是降职，很多官员都不愿意有这样的"旅游"。

◆◆ 李白像

唐朝发达的交通也促使很多官员想要出去走走。隋朝开凿了大运河，水路交通更加发达。出门游玩不仅可以走陆路、水路，还可以水陆结合，这在很大程度上方便了出行。

主观原因产生的旅游有两种：

其一，科举考试。

唐朝时期，如果没有大事，百姓是不会轻易出门的。而在百姓心中，科举便是大事。大多数考生是寒门子弟，没有显赫的家世，没有万贯家财，都是一路从家乡走到长安，这一路上就会经过很多地方，认识很多志同道合的人，不免产生多种情绪，就会创作很多诗歌。

科举考试自隋朝开始，每年8月乡试，次年2月会试，这段时间考生多在外面，可以四处游山玩水，相互学习。

唐朝的学子除了通过考试进入仕途，还可以通过官员的推荐进入朝廷为官。学子可以将自己的文学作品投献给达官显贵或文坛名人，以求及第，这种方式名为"投卷"，向礼部的人投的诗文叫公卷，向身份显赫的人投的诗文叫行卷。因此，很多学子会提前很长时间到达京城，带着自己认为优秀的诗文去求见官员，或者四处走走，可能会和某个官员偶遇，畅谈一番。多结交朋友，就会多些人脉。

其二，官员的假期旅游。

唐朝的很多文官一年中有很多假期，节日的假期加上普通的假期，这些官员一年中有近一百天的假期。闲来无事，他们就会选择独自或者结伴游山玩水，写一写看到的风景，抒发一下自己的感受等。平常的工作太无聊，出来游玩可以愉悦心情。平时官员的假期只有一两天，去不了太远的地方，只有长假才能远行。

渡远荆门外，来从楚国游。

山随平野尽，江入大荒流。

月下飞天镜，云生结海楼。

仍怜故乡水，万里送行舟。

这首诗是唐代诗人李白的《渡荆门送别》。开元十二年（724 年）秋天，李白决定"仗剑去国，辞亲远游"，胸怀天下，游走四方。离开蜀中之后他来到了楚地，在渡荆门的时候写下了这首诗。

◆ 元代赵孟頫《蜀道难图》（局部）。全图形象地展现了李白的诗《蜀道难》

第五章

亲朋有孤稚，

婚姻有办营

没有结婚证，怎么证明婚姻的合法性

常言道：不孝有三，无后为大。自古以来，结婚生子都是一件大事。在唐朝，没有父母的承认，婚姻是不成立的。为什么子女的婚姻要由父母决定呢？有两个原因。

第一，唐朝社会制度深受父系氏族制度的影响。

"父母之命，媒妁之言"，这八个字就明确说明了子女的婚姻由父母掌握。在唐朝，女子在家从父，出嫁从夫，夫死从子。父亲不仅是一家之主，有绝对的话语权，而且他还可以掌控女儿的一生。

第二，遵循父母意愿是孝的表现。

唐朝不仅讲究阶级，也讲究礼教。听从父母的指令，按照父母的意愿行事，这是孝顺的表现。如果子女违背父母的意愿，那么便是不孝。

十恶不赦中的"十恶"指的是谋反、谋大逆、谋叛、恶逆、不道、大不敬、不孝、不睦、不义、内乱，其中就有不孝。由此可见，在古人的认知中，不孝是十恶不赦的大罪。

唐代是没有结婚证的，没有结婚证怎么证明两个人的婚姻具有法律效力呢？唐朝的婚姻制度规定，婚姻成立有四个主要条件。

其一，父母或长辈对婚姻有主婚权。

这里强调长辈是因为如果父母去世，祖父母可以代替父母决定晚辈的婚姻，祖父母不在可以由伯伯或叔叔决定，伯伯叔叔不在可以由哥哥决定，六亲皆无才能自己做主。唐朝在结婚之前也有订婚，晚辈可以自行订婚，但是结婚要经过长辈的同意。如果晚辈违背了长辈的意愿，那么，就会受到杖责一百的惩罚。

其二，一定要有婚书和聘财。

如果嫁娶双方有了婚书之约或者私下约定了婚约，双方就不能反悔，一旦反悔要杖责六十。如果嫁娶双方没有婚书，但是女方已经接受了男方的聘金，也是不能悔婚的，反悔了还是要受杖责六十，但这种情况下男方悔婚是可以的，不必受杖责。

其三，结婚双方满足缔结限制。

结婚双方不能是同一个姓氏，否则判处两年牢役。结婚双方不能有血缘关系，有血缘关系的尊卑之间结婚以强奸罪处罚。男子不能和有罪在身的逃亡女子成亲，地方官员不能娶所管辖区内的女子为妻。平常人（平民百姓、士农工商等）不能娶奴婢奴役为妻。

其四，不能打破一夫一妻制。

如果男子已经娶了一个妻子，就不能再娶妻了，只能纳妾。假如男子有一个妻子，再娶妻，那么将会受一年劳役，女方受到的惩罚比男方低一级。如果男方欺骗女方没有妻子而再娶妻，男方要受一年半劳役，女方不会受到惩罚，官府会判二人离婚。

另外，如果男女双方已经确定不会成婚，无论家人如何逼迫，都坚持己见，他们是不会受到惩罚的。而家人不能威逼利诱适婚的男女结婚，否则要承担相应责任。

▶ 小知识

天下无正声，悦耳即为娱。

人间无正色，悦目即为姝。

颜色非相远，贫富则有殊。

贫为时所弃，富为时所趋。

红楼富家女，金缕绣罗襦。

见人不敛手，娇痴二八初。

母兄未开口，已嫁不须臾。

绿窗贫家女，寂寞二十馀。

荆钗不直钱，衣上无真珠。

几回人欲聘，临日又踟蹰。

主人会良媒，置酒满玉壶。

四座且勿饮，听我歌两途。

富家女易嫁，嫁早轻其夫。

贫家女难嫁，嫁晚孝于姑。

闻君欲娶妇，娶妇意何如？

这首诗是唐代诗人白居易的《议婚》。诗中，白居易揭露了唐朝的婚配现象：女子好不好嫁，看的是家世背景。家世背景好的女孩儿不懂事，家世不好的却懂得孝顺公婆。那时的联姻多数是强强联合，穷人家的姑娘很难嫁。

诗中的"母兄未开口，已嫁不须臾"体现在女子嫁人这方面，只要父亲在，是没有母亲和哥哥说话的权利的，可以说是连商量的余地都没有。如果有人看上了谁家的女儿，会直接下聘礼，不说拒绝便是接受，接受了便不能反悔。

唐朝人成亲，几时为吉时

　　古代封建社会，人们很迷信，对于很多事情都有讲究，这些讲究就是为了图个吉祥。结婚是人生大事，非常重要，每一个步骤都不容出错。

　　在看古装剧的时候，大家大概都听过"良辰吉日"这个词语。"良"是好的意思，"吉"代表着吉祥。一天共 12 个时辰，看似都一样，但是在唐朝人眼中有几个时辰是很吉祥的。

　　在唐朝，整个结婚的过程都涉及良辰吉日，男子下聘的时间和成亲的日子通常是根据男女双方的生辰八字或者结婚的年份来算的，每年都不固定，每对新人也不固定。

　　在唐朝，新人结婚的时间规定在黄昏。结婚是女子和男子的结合，而黄昏是黑夜和白天的交替时间，都是阴阳相合。结婚仪式大概是在黄昏举行，但是具体的吉时是要测算的。因为新人成亲的吉时要通过新郎新娘的生辰八字进行测算，所以成亲的吉时并不是固定的。

除了择吉时吉日，唐朝的婚礼还有很多其他的程序。这些程序都代表着吉祥如意。

1. 撒谷豆

当代社会结婚经常会在新人的新房里放大枣、花生、桂圆、瓜子，寓意是新人早生贵子。唐朝还没有花生，撒的是谷子和豆子。

2. 跨火盆

在许多古装电视剧中能看到，成亲的时候会在房子外面放一个火盆，新娘要从上面跨过去，这便是跨火盆。跨火盆的寓意是希望新人婚后的日子红红火火。

3. 传袋

在唐朝，人们是非常看重传宗接代的，多子多孙多福气，每个婆家对儿媳最大的期望就是她能够为家族开枝散叶。在成亲这一天，新娘要足不沾地，跨火盆之后，会有人在地上放一只布袋，新娘从布袋上走过，踩过的布袋会被迅速传到前面。"袋"和"代"同音，意思是希望儿媳帮助家族传宗接代。

4. 吃子孙饺子（偃月形馄饨）

吃子孙饺子是中国古代婚俗礼仪之一，一般在新娘子坐花轿到新郎家后，喜娘就会把子孙饺子端上来。

新娘新郎吃子孙饺子的时候，一群小孩子会在窗外齐声问："生不生？"新娘和新郎一起回答："生。"这声回答也称为"讨口彩"，是传宗接代的祥兆。

子孙饺子的个数也是有讲究的。通常来讲是天一对、地一对、爹一对、娘一对，这八个饺子的大小和平时吃的饺子一样大。除此之外，还要根据新人的年龄包一些饺子，新人几岁就包几对。

至今，仍然有很多地方保留着吃子孙饺子的习俗。

不管何时何地，都有很多人将婚姻视为人生大事，重视吉日、吉时，遵从习俗，祈求夫妻幸福、平安、多子多孙、白头偕老。

▶ 小知识

> 大皮裹大树，小皮裹小木。
>
> 生儿不用多，了事一个足。
>
> 省得分田宅，无人横煎蹙。
>
> 但行平等心，天亦念孤独。

这首诗是唐代诗人王梵志的《大皮裹大树》。大树皮包裹着大树，小树皮包裹着小木头。生儿子不用太多，一个就够了。一个孩子不会涉及分田产，不会有逼迫父母给他多分家产的事情发生。用一颗平常心对待，不至于老了有子女也孤独。

王梵志的这首诗写明了生孩子不用多，一个男孩就足够。同时也反映出唐朝的社会现状，不是多子多孙就能多福气，孩子多了可能会争夺家产，引起家庭纷争。如果每个孩子都争相讨好父母，希望能够多分得家产，那就很少有真心孝顺父母的。

　　这种情况让很多父母寒心，成亲时希望多生几个孩子，为家族开枝散叶，讨得公婆欢心，巩固自己的地位，日后老了也有人孝敬。后来才知道，多子多孙会有更多的事情，没有平等心，惹得子孙不满意，老了还是一个人，倒不如只生一个。

◆◆ 敦煌壁画婚嫁图。设置在宽敞的庭院中的婚宴场面

唐朝人办喜事需要准备什么

结婚是人生大事，不管是在唐代，还是在现代，都需要准备很多东西。在唐代，有很多婚礼的程序，而且这些程序都是写进唐朝律例中的，必须严肃对待，每一个步骤都是必不可少的，不管是贫贱还是富贵，只有按部就班地走完程序才算成为真正的夫妻。

在唐代，男方去女方家里要带一种动物，那就是大雁。而且在不同的步骤中每次去女方家里都要带不同的大雁。为什么要带大雁呢？因为在唐代，大雁代表的是仁、义、礼、智、信，也被视为五常俱全的灵物。大雁有仁心，有情有义。雌雁和雄雁相配，二者从一而终，不管哪只大雁先去世，另一只大雁都不会再找别的伴侣。

大雁性情温和，男方送大雁给女方，也是希望女方能够像大雁一样知书达礼、贤良淑德。

大雁是一种信物，就像现在结婚，男方送给女方的钻戒一样。因为每年成亲的人很多，所以大雁就供不应求，后来宋朝人就用茶来代替大雁。

总的来讲，唐朝结婚有六个步骤，也叫六礼。

第一步：纳采。

如果一个男子有意娶哪个女子，那么就要打听好女子的名字和住址，然后请一个媒人，让媒人带着一只大雁去女方家里。首先，媒人会介绍一下男子的基本情况，包括姓名、年龄、家庭情况、职业、相貌、性情，随后询问女方的意见。

第二步：问名。

在女方家里，如果女子给了媒人肯定的回答，愿意嫁给男子，媒人就会告诉男方。然后男子带着一只大雁到女方家里去，询问女子的姓名和生辰八字。

第三步：纳吉。

男子得到了女子的生辰八字会交给父母，男方的父母要请先生或者道士给两个人占卜，看看两个人的八字是否相合。如果结果好，寓意两个人成亲之后会恩恩爱爱，相敬如宾。得到结果后，男子再带着一只大雁去女方家中报喜。

第四步：纳征。

纳征便是男方向女方下聘礼，将聘礼送到女方的家里。唐朝的彩礼主要分为三种：衣物、束帛和俪皮。

因为结婚是喜庆之事，所以衣物大多数是深红色或者是浅红色的，代表吉祥、如意、好运，下聘礼送的衣物被称为"玄缥"。五匹长为一束，束帛就是五匹帛。俪皮是成双的鹿皮。当然，富贵人家的聘礼还可能会有金银财宝、玉珠串子等。女方对聘礼没有意见，没有拒绝，就表示两个人的婚约便定下来了。

男方准备聘礼，女方也要准备嫁妆。男方准备的聘礼越多，女方的嫁妆就会越多，因为女方父母也担心女儿嫁过去之后会因为嫁妆少而受到婆家的歧视。另外，嫁妆还能贴补家用，以备急需。

女子的嫁妆除了金银首饰，还有家具。家具有两种类型：一种是内房用品，另一种是外房用品。内房用品包括梳妆台、红色橱柜、千工床、床前橱柜、衣服架子、春凳、子孙桶等。外房家具包括画桌、琴桌、八仙桌、椅子等。

第五步：请期。

男女双方定下了婚约，男子就需要择定一个良辰吉日举办婚礼，前去女方家中迎亲。

第六步：迎亲。

迎亲的当天也要带着大雁。娶亲通常要有八抬大轿、媒婆、凤冠霞帔等。到了婆家之后，男方要给女方介绍家里的人，女方要按照尊卑大小的顺序给公公婆婆或者其他重要的人斟酒、敬茶。经过一拜天地、二拜高堂、夫妻对拜之后就正式礼成了。

> 清风明月苦相思，荡子从戎十载馀。
>
> 征人去日殷勤嘱，归雁来时数附书。

这首诗是唐代诗人王维的《伊州歌》。清风吹过，明月高挂，在月朗星稀的日子，女子独坐屋内，四处鸦雀无声，她眉头深锁，低头无语，想着远在他乡的丈夫。丈夫已经从军十多年了，女子十多年来独守空房，日夜等待他的消息。女子想到丈夫出征的时候，她曾再三叮嘱，鸿雁南归的时候一定要捎封信回来，让她知道他的消息。

然而她是否经常收到丈夫的来信呢？她的殷切盼望、执着等待都化成了一汪苦水、两行清泪。丈夫不在身边，女子无心欣赏良宵圆月。虽然丈夫走了十余年，但是女子依旧像大雁一样忠贞。

唐朝男人都可以三妻四妾吗

"三妻四妾"的字面意义是三个妻子四个小妾,这是很多人对这个词语的一种误解。其实从古至今都没有这种传统。三妻四妾是一种虚指,形容妻妾多而已。

唐朝,很多女人都会在意妻妾的身份,因为"妻"和"妾"是有很大区别的。

其一:地位。

在一个家庭中,妻子的地位是远远高于小妾的。在丈夫去世后,也只有妻子有资格和丈夫合葬。

其二:迎娶程序。

男子迎娶妻子走的是正门,用的是八抬大轿。而妾室是不能走正门的，只能走偏门或者是后门，更不能用八抬大轿。在唐代，娶妻讲究的是门当户对，娶嫁过程中男方给女方聘礼，女方带着嫁妆进入婆家，妻子和丈夫的地位几乎是等同的。但是，妾侍是花钱买的，只有聘礼，女方没有嫁妆。如果纳妾还走了娶妻的程序，等于男子犯了重婚罪，是要受到惩罚的。

其三：称谓。

妻子叫"娶"，妾侍为"纳"。在族谱中，只能出现妻子的名字，妾侍的名字是没有资格出现在族谱中的。妻子生的孩子是嫡出，妾侍生的孩子是庶出。

其四：家业继承的资格。

嫡出的孩子才有资格继承家业。如果妻子的孩子没能继承家业，需要庶出的孩子继承家业，那么，孩子也要归在妻子的名下，妾侍的身份是不会改变的。

在唐朝，男子纳妾要有合理的理由，通常丈夫纳妾有四个原因。

第一：妻子无子。

在唐朝，传宗接代是人生大事。在重男轻女的时代，生男孩是非常重要的，很多女人都是母凭子贵。如果男子娶妻很久了，妻子三四年都没有生孩子或者生的一直都是女孩，那么，男子就可以纳妾。在这种情况下，作为妻子是没有发言权的，更不能反抗。

第二：男子和女子两情相悦。

男子娶妻要考虑的方面很多，要门当户对，女子家世背景要好，女子要大方得体。尤其是有钱人家或者贵族，婚姻是为了强强联合，很多夫妻都是没有感情的。在这种情况下，如果男子找到一个两情相悦的人，那么是可以纳妾的。

第三：代替妻子的位置。

如果男子的妻子早亡，那么男子可以纳妾。虽然妾侍没有妻子的名分，但是可以像妻子一样操持家中大小事务。

第四：男子纵欲。

一般情况下，男子不会将这个理由说出来，因为纵欲纳妾，男子会被人说闲话的。

其实，男子纳妾也并不是一件说做就做的容易事。首先，纳妾是有身份和数量限制的。

在唐朝，不是谁都可以纳妾的。纳妾的数量也不是你有钱，想纳几个都可以的。

其次，丈夫纳妾要经过妻子和家人的同意。

虽然男子纳妾之前会问妻子，但是这不过是走一个过场而已，即使妻子内心是不愿意的，但一般不会不同意，因为男尊女卑的观念在女子的心中根深蒂固。事实上，在古代妻子同意要比不同意好，妻子不同意，丈夫会认为妻子没有风范，丈母娘家没有教育好妻子，而且惹怒了丈夫后，妻子的日子也不好过。

最后，纳妾需要充足的财力。

前面讲到，娶妻虽然要下聘礼，但是妻子是有嫁妆的，而纳妾是只花钱。唐朝纳妾的价钱并不便宜，少的可能几十两，多的可能要几百两，相当于普通人家半年或者一年的生活费。

绝代有佳人，幽居在空谷。自云良家子，零落依草木。

关中昔丧乱，兄弟遭杀戮。官高何足论？不得收骨肉。

世情恶衰歇，万事随转烛。夫婿轻薄儿，新人美如玉。

合昏尚知时，鸳鸯不独宿。但见新人笑，那闻旧人哭？

在山泉水清，出山泉水浊。侍婢卖珠回，牵萝补茅屋。

摘花不插发，采柏动盈掬。天寒翠袖薄，日暮倚修竹。

这首诗是唐代诗人杜甫的《佳人》。当时的杜甫由左拾遗降职为华州司功参军，一年之后，杜甫辞官，带领妻儿老小前往秦州，每天自给自足。这首诗既像寄托，也像写实。

从诗中可以看出，这位妻子的丈夫在她娘家家道中落后身边有了新人，可能是因为妻子无子，也可能是单纯地爱上了那位女子。但无论如何，我们都可以看出妻子不是心甘情愿要丈夫纳妾的。在古代，女子的地位低微，面对丈夫纳妾，女子只能偷偷拭泪，不能反抗，更不能抱怨。

三观不合，如何离婚

关于离婚的说法，古已有之。

在先秦，人们将离婚称为"仳离"。在《诗经·王风·中谷有蓷》中有诗句："有女仳离，嘅其叹矣。"到了战国时期，离婚称为"去妻"，秦朝的时候叫"弃妻"，唐朝的时候叫"放妻""义绝""和离"。后来称为"休妻"，直到近代才叫"离婚"。

古时候，大多数女子地位卑微，即使是分道扬镳也多是丈夫的主意。关于婚姻，不管是结婚还是离婚，女子很少有发言权。

先秦之前，国家对男女婚姻没有太多束缚，所以离婚的人非常多。到了汉朝，国家制定了相关规定，到了唐朝，男女婚姻制度更加完善，所以唐朝的离婚要有很正当的理由。没有正当理由，男子要休掉女子则会受到流放一年半等惩罚。

唐朝离婚的理由有三类。

第一类，丈夫对妻子不满，要和女子离婚，即"放妻"。一般都是因为女子犯了"七出"中的一条才可以离婚。七出便是无子、淫乱、不孝、口舌、偷盗、妒忌、身患恶疾。

古代的离婚是十分有人情味的，有三种情况是不允许丈夫和女子离婚的。第一种，女子双亲已经去世，家中没有依靠。第二种，女子经历了丈夫双亲去世，并且为公婆守孝三年。第三种，女子在丈夫一贫如洗的时候嫁过来，男子日后功成名就不能和发妻离婚。

第二类，官府判定夫妻二人离婚，即"义绝"。

古人有言："宁拆十座庙，不破一门婚。"但是如果夫妻中或双方家族中有一人对另一方犯了罪，官府就会判定夫妻两个人离婚。不过，也有夫妻双方不接受离婚判定的，唐朝官府也不会勉强。

第三类，夫妻感情破裂，和谐离婚，即"和离"。

夫妻两个人可能因为长期分离等原因不能和谐相处，经商议和谐离婚。

现在离婚，民政局会给夫妻两人发离婚证。而在古代，两个人要是不合想离婚，男子会给女子写一封《放妻书》，或者女子给男子写一封《放夫书》，男子和女子在书上签字画押，交给官府就可以了。

夫妻分离，要么把关系闹得很僵，要么心平气和。离婚的原因和离婚时双方的心情从《放妻书》或《放夫书》中就可以看出来。

某专甲谨立放妻书。盖说夫妇之缘，恩深义重，论谈共被之因，结誓幽远。凡为夫妇之因，前世三生结缘，始配今生夫妇，若结缘不合，比是怨家，故来相对。妻则一言十口，夫则反目生嫌，似稻鼠相憎，如狼羊一处。既以二心不同，难归一意，快会及诸亲，各还本道。愿妻娘子相离之后，重梳蝉鬓，美裙娥眉，巧逞窈窕之姿，选聘高官之主。解怨释结，更莫相憎。一别两宽，各生欢喜。于时年月日谨立除书。

——《放妻书》

这篇放妻书中写道，夫妻分离是因为女子平时有些唠叨，男子最开始能够感觉到妻子的关心，后来便越来越厌烦。最后给予一篇《放妻书》，还祝愿女子能够嫁一个好人家，忘记和他在一起的幽怨。

从离婚这一方面来看，唐朝的法律条文很有人情味，在一定程度上保护了女人的权益。虽然王朝封建，但是思想较为开明，支持男女追求幸福。

▶ 小知识

> 岂知偕老重，垂老绝良姻。郗氏诚难负，朱家自愧贫。
> 绽衣留欲故，织锦罢经春。何况蘼芜绿，空山不见人。

这首诗出自唐代诗人刘长卿的《见秦系离婚后出山居作》，描写了朋友秦系和妻子离婚后的状态。"郗氏诚难负，朱家自愧贫"，写出刘长卿的朋友在离婚后生活十分拮据。"绽衣留欲故，织锦罢经春"，表明离异后秦系的妻子却是锦衣玉食。诗中将夫妻二人离婚后的生活形成对比。

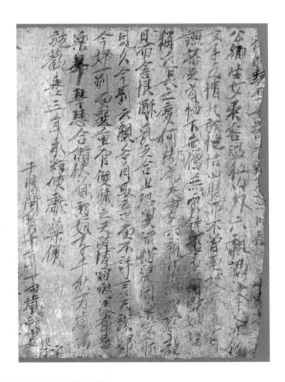

◆ 敦煌莫高窟出土的唐代《放妻书》

唐朝女子改嫁有什么讲究

古代社会男子和女子的地位极不平等，男人地位高，女子地位低。男子可以三妻四妾，女人却要从一而终。

古时对女子的要求很高，社会通常要女子三从四德，做贞洁烈女，要女子嫁鸡随鸡嫁狗随狗。一个女子若嫁给了一个姓张的男子，那么她生是张家的人，死是张家的鬼。

人们常说忠臣不事二主，好女不嫁二夫。女子嫁给男子之后，即使男子去世，也不能改嫁，甚至有的女子在男子去世之后会选择自杀。

不过，这些事情在唐朝时却得到了很大的改变。唐朝是一个开放的社会，人们思想开放，不拘小节，穿着大胆，在婚姻方面也看得很开。

唐朝人的思想是开放的，女子们追求的是幸福，不是苍白无力地做贞洁烈女。唐朝一直都是上行下效。皇室的人穿着暴露，平民百姓就敢穿着大胆；皇室的妇女失去丈夫之后可以改嫁，平民女子便也可以改嫁。在唐朝，改嫁不是丑闻，更不是犯罪。

唐朝建立之初，因为急需发展经济，增加人口，唐律不仅鼓励男女早婚早孕，而且鼓励寡妇再婚。根据史料记载，唐高祖的女儿高密公主先嫁长孙孝政，后嫁段纶；房陵公主先嫁窦奉节，后嫁贺兰僧伽；千金公主先嫁温挺，后嫁郑敬玄。另外唐太宗、唐高宗、唐中宗、唐玄宗等唐朝皇帝都有女儿改嫁。

在唐朝前期，普通女子对于贞节看得很淡，丧夫之后大概 3 年，最多 5 年便改嫁。如果是和夫君离异，那么改嫁得更快。也有很多男子不在乎女子是否为处子之身，唐朝的思想开放程度可见一斑。

从不同皇帝女儿改嫁的数量上可以看出，唐朝初期改嫁的妇女较多。不过关于改嫁这件事还是有规定的，不是所有的女子都可以在丈夫死后或者离婚之后改嫁的。

贞观年间，唐太宗曾经下诏："男年二十，女年十五已上，及妻丧达制之后，孀居服纪已除，并须申以婚媾，令其好合。"诏书的意思是男子年龄超过 20 岁，女子的年龄超过 15 岁，及妻丧达制之后的男人和孀居服纪已除的女人，都可以结婚。

安史之乱后，社会动荡，出现了藩镇割据，唐朝由盛转衰，思想控制的力度加大，女子又不允许轻易改嫁了。

> 妇人一丧夫，终身守孤子。
>
> 有如林中竹，忽被风吹折。
>
> 一折不重生，枯死犹抱节。
>
> 男儿若丧妇，能不暂伤情？
>
> 应似门前柳，逢春易发荣。
>
> 风吹一枝折，还有一枝生。
>
> 为君委曲言，愿君再三听。
>
> 须知妇人苦，从此莫相轻。

这首诗节选自唐代诗人白居易的《妇人苦》。女子的丈夫一旦去世，女子就要终生孑然一身了。就像林中的竹子，忽然被风吹折了。一旦折断了，就不能重生，可是还是抱着原来的竹节不肯松手，直到枯竭而死。男子的妻子若是去世了，男子会伤心很长时间吗？男子的心就像是门前的柳枝，到了春天就很容易长出新芽。风吹折了一枝，还有一枝会重新生长出来。女子委婉劝说，希望丈夫能够认真倾听，知道妇女的苦，不要再轻视妇女。

白居易是中唐时期的诗人，从"妇人一丧夫，终身守孤子"可知，丈夫去世之后女子就孤独终老了。这句话和后面的"男儿若丧妇，能不暂伤情"形成了鲜明的对比。

到了年龄，找不到婆家怎么办

抛绣球是女子求偶的一种方式，多出现在文学作品里，也是我国古代有些地方的一个习俗。当女子到了婚配的年龄还没有成亲，就可以选一天，让求婚者聚集在绣楼之下，由女子在楼上抛出绣球，谁得了绣球就可以娶女子为妻。据考证，绣球是由古代兵器"飞砣"演变而来，飞砣一开始是被用在狩猎活动中，直到宋代初期，才演变成男女表达爱情的方式。那么唐朝女子如何择偶呢？

古往今来，结婚都是一件大事。在唐朝，结婚的重要性远远大于读书。和现在不同，很多人大学毕业就已经22岁了，工作一两年，找一个对象，再谈几年恋爱，结婚都快30岁了。但是在唐朝，这个年龄才结婚的极少。

唐朝政府对男女最小的结婚年龄做了明确的规定，唐玄宗开元二十二年（734年），朝廷颁布了律例，律例中提及，"男年十五，女年十三以上，听婚嫁"。这个律例的意思是男子达到了15岁，女子达到了13岁就可以听从父母的命令结婚娶妻或者嫁人。

根据《唐朝墓志汇编》中的史料统计，在唐朝，13岁以下结婚和20岁以后才结婚的人是少数，唐朝的普遍结婚年龄是13岁到20岁。

为什么要女子这么早就结婚呢？按照当今社会的生理科学来讲，14岁的女孩子心理和生理发展得都不成熟，生孩子也是非常危险的，生下来的孩子也可能是不健康的。但唐朝时期，人们的平均寿命、医疗水平、风俗习惯等跟现在不一样。另外还有一个原因，就是在唐朝建立之初，争夺江山导致了大量的人口死亡和流失，为了巩固、强盛国家，就必须增加人口，毕竟一旦打起仗来，没有人是不行的。生孩子就是最简便的增加人口的方法，因此，朝廷鼓励男女早婚早孕，多孕多育。

虽然结婚这件事是讲究缘分的，不是说想结婚就能结婚的，但唐朝有关于男女结婚的法律条文讲，如果女子到了一定年龄还没有嫁出去，那么是要受到惩罚的。为了增加人口数量，督促适龄男女婚配也是地方官员的职责。如果有适龄男女还没有婚配，地方官员会先给孩子的父母提个醒，让他们抓紧时间给孩子找婚配的对象。一段时间后，地方官员还没有见到适婚人家敲锣打鼓办喜事，就会亲自上门警告，或者官府会将这些应该结婚的人凑到一起，为他们牵红线，促成喜事。

通常由官府决定的婚事是不能改变的，也是不能拒绝的。

> 无才不敢累明时，思向东溪守故篱。
>
> 岂厌尚平婚嫁早，却嫌陶令去官迟。

以上的诗句节选自唐代诗人王维的《早秋山中作》。王维是一位杰出诗人，他一心想归隐田园的心愿，在这首诗歌中得以体现。前两句说的是担心自己才疏，怕辜负天子的托付，想回到东溪乡下的竹篱故居。第三句讲到了婚嫁，说他不厌弃尚平尽早解决了儿女婚嫁问题，之后便不问家事，游览名山大川的行为。第四句讲，他嫌陶渊明辞官归隐太迟了，更加讲明了王维归隐的急切之情。抛开归隐不说，在这里我们能发现王维也赞同让儿女尽快结婚的做法。

为什么没人愿意做驸马

在皇室女子中，除了皇后和太后，最有地位的便是公主。唐朝有名的公主有很多，例如太平公主、平阳公主、文成公主。唐朝的很多公主集万千宠爱于一身。

相较于嫔妃，更多人都梦想成为公主，因为公主是含着金汤匙出生的金枝玉叶，从小衣食无忧，不必争皇位，不容易成为别人的眼中钉或肉中刺。

若娶了公主，做了驸马爷也算是半个皇子了，一辈子荣华富贵、锦衣玉食。然而在唐朝，皇帝的女儿也愁嫁，因为很少有人去争做驸马。这是为什么呢？因为唐朝的驸马爷是最难当的，主要有五个原因。

第一，受唐朝的民风和女性地位影响。

虽然唐朝跟之前的朝代一样，要求女子三从四德、从一而终，但是唐朝有一段时间民风十分开放，衣着可以暴露，结婚之后可以离婚，女子更是可以改嫁。

武则天时期，女性地位提高，唐朝的公主比其他朝代的公主都更有主见，在思想上更加开放，更有一些公主飞扬跋扈，行不正，言不善。甚至有些公主在婚后依旧不检点。例如，嫁给窦奉节的永嘉公主和杨豫之，嫁给房遗爱的高阳公主和辩机和尚，嫁给武崇训的安乐公主和武延秀。

做普通女子的丈夫虽然不能确保妻子会守妇道，但是至少可以离婚。然而做了驸马，只要公主不愿意，就很难离婚，只能哑巴吃黄连，有苦往肚子里咽。

第二，唐朝公主的性情。

唐朝的多数公主自小娇惯成性，唯我独尊，对驸马并不尊重，甚至有时会大打出手。驸马虽然是公主的丈夫，但是也不敢对公主动粗，顶多去皇上跟前告状，可皇帝不会只惩罚公主，驸马也会一并受罚。当民间女子的丈夫可以使唤妻子，做了驸马就要被公主使唤，两者对比，做驸马似乎有失男儿尊严，因此很少有人愿意做驸马。

第三，受唐朝的宫廷律例影响。

在唐朝，驸马不是到皇宫中生活的，而是要住到公主府里面，而且和普通百姓成亲不同，驸马和公主成亲之后并不是住在一起的。驸马要见公主，需要提前汇报。如果驸马要与公主同床，也要提前申请。

第四，驸马做事要小心翼翼。

如果你认为做了驸马就可以目中无人了，那就大错特错了。在唐朝，驸马和当代社会的倒插门女婿一样，并没有实权，做事还要小心翼翼。假如不小心说错了什么话，或者做错了什么事，被人告发到皇帝那里，那么驸马就会受到惩罚，可能被罢官，也可能被关禁闭。

第五，不同时期，唐朝驸马手中所掌的实权有一定强弱差异。

驸马本是"驸马都尉"的简称，汉代官职，后来用来称帝王的女婿。唐朝有过"大唐驸马都尉从五品，皆尚主者为之"的规定，唐玄宗时期，驸马皆除三品员外官，而不任以职事。

▶ **小知识**

> 入苑白泱泱，宫人正靥黄。
>
> 绕堤龙骨冷，拂岸鸭头香。
>
> 别馆惊残梦，停杯泛小觞。
>
> 幸因流浪处，暂得见何郎。

这首诗是唐代诗人李贺的《同沈驸马赋得御沟水》。元和七年春，李贺为奉礼郎，官职很小。李贺和沈驸马一起游御花园，一同欣赏御沟，李贺感到十分荣幸。这首诗为戏作，不过还是能够看出其中的奉承之意。

李贺想要步入仕途，其间少不了位高权重之人的举荐。唐朝的驸马虽然没有权力，但人家毕竟是驸马，说话还是有一些分量的，是人人都要尊敬的。李贺对驸马奉承也是希望驸马能帮助他，在其他官员面前替他美言几句，毕竟驸马的人脉是远远广于李贺的。同时可以窥见唐朝入朝为官并不容易，除了自身要有本领，做人圆滑、人脉广也非常重要。

◆ 中国历史上唯一的状元驸马郑颢

第六章

昏昏欲醉，
人间百态

诞辰之日，如何庆祝

中国人最早开始过生日是在魏晋南北朝时期，在此之前人们对于自己的生日并没有概念，最初庆祝生日的方式很简单，就是家人坐在一起吃喝一顿。

那么，唐朝人是如何过生日的呢？

先来说一下金字塔顶端的天子是怎么过生日的。

唐朝哪个皇帝过于铺张浪费、骄奢淫逸呢？没错，就是唐玄宗——那个给自己的贵妃安排700多个裁缝的人，那个为了让自己的爱妃吃到新鲜的荔枝专门开辟贡道的人，那个一言不合就带着杂技班子、歌姬、舞女去泡温泉的人。

农历八月初五是唐玄宗的生日。右丞相张说等人向唐玄宗建议，将唐玄宗的生辰定为千秋节，此后，八月初五就成了千秋节。

既然是皇上过生日，自然得大费周章，有一个具体的活动流程。具体过程史书中并没有明确记载，不过，还是有迹可循的。

一、邀请外国友人，举行仪式

唐朝不像现在，在大街上很容易见到外国人。那时候，外国人很少见，哪个地方出现一个外国人是有可能引起围观的。在皇帝生日当天，相关官员会特意在皇宫找一个宫殿为皇帝庆生，然后找一个代表发言，宣布今天聚会的目的，并邀请外国友人一同出席。

郑嵎的《津阳门诗》就曾写到这个场景："千秋御节在八月，会同万国朝华夷。花萼楼南大合乐，八音九奏鸾来仪。"千秋节这一天，花萼楼的南面会举行盛大的仪式，皇上、群臣、外国友人欢聚一堂。

二、天子开始收礼，群臣进献奇珍异宝

唐玄宗时期，很多官员送的礼都是上等品，价值几百两、上千两的都有，甚至会有人送上万两的礼物来讨皇上的欢心。

三、说祝福语

祝福语是群臣送礼时顺便说的，就像现在朋友过生日，大家送礼物时会顺带加一句"生日快乐"一样。

群臣对唐玄宗说的祝福语分为两种：一种是祝福大唐江山的，另一种是祝福唐玄宗的。例如张说在《杂曲歌辞·舞马千秋万岁乐府词》中所写："金天诞圣千秋节，玉醴还分万寿觞。"

四、天子还礼

唐玄宗每年收完礼物后还会给官员一些回礼，他给官员准备的礼物最有名的就是宝镜，还有绶带。唐玄宗曾作诗《千秋节赐群臣镜》："铸得千秋镜，光生百炼金。分将赐群后，遇象见清心。台上冰华澈，窗中月影临。更衔长绶带，留意感人深。"

杜甫《千秋节有感二首》中的诗句"宝镜群臣得，金吾万国回"，也可印证唐玄宗赠群臣宝镜。

五、看表演

根据张祜的《杂曲歌辞·千秋乐》"八月平时花萼楼，万方同乐奏千秋。倾城人看长竿出，一伎初成赵解愁"可知，千秋节这一天会有表演，而且表演的节目一般是由臣子根据天子的喜好安排的，包括杂技、歌舞等。

看完节目差不多就到傍晚了，天子和群臣会到宫殿共进晚餐，在场众人向皇上敬酒。其间也会有一些小节目，比如音乐表演或者群臣作诗歌颂天子，简单地说就是拍马屁，如果拍得好、拍得准也许当天晚上就升职了。

六、休沐

皇帝过生日，普天同庆。千秋节不仅有表演等各种活动，还会放假三天。

说完天子，再说一下官员、商人和百姓吧。

官员和商人的生日相较于天子就比较简单，不过步骤是差不多的，只是把外国友人换成亲朋好友，祝福江山的改成祝福事业的，还会有一些小游戏，比如行酒令等。

普通百姓就更简单了，有些小康家庭会到酒楼吃一顿好的，贫困家庭也就吃一碗面条。

▶ **小知识**

> 千秋佳节名空在，承露丝囊世已无。
>
> 唯有紫苔偏称意，年年因雨上金铺。

这首诗是唐代诗人杜牧的《过勤政楼》，大致创作于杜牧进士及第前后。

前两句写杜牧来到勤政楼，这里曾经是唐玄宗处理政务的地方，唐玄宗在这里举办过千秋节庆典，奢华盛大的典礼如今都看不见了，只有破败和荒凉，杂草丛生。现在的荒凉就是从前骄奢淫逸付出的代价，君主勤于政务国家就会繁荣昌盛，天子安于享受王朝就会走向灭亡，前后的对比充满讽刺意味。

元宵节有花灯看没汤圆吃

人生在世，盼望的皆是花好月圆人团圆。元宵节是新的一年中第一个月圆之夜，也是唐朝人最重视的一个节日。

元宵节在阴历正月十五，又称为上元节、元夜节、元夕节。唐朝时期的元宵节习俗以看花灯为主，花灯由火把或者蜡烛制成。

为什么唐朝人会选择点花灯呢？在古代人眼中，火占据着很重要的地位。火不仅能够给人带来光明，还能带给人温暖，而且因为火的出现，人们才能吃到熟的食物。因此，人们对火是尊敬的、畏惧的、崇拜的。

汉朝时期，佛教传入中国，为了表示对佛祖的尊敬，国人选择用燃灯的方式供奉佛祖。唐朝人在元宵节燃灯，也是佛僧的请求和建议。

唐朝的灯会十分热闹宏大，花灯的样式繁多，新颖别致。对于元宵节，朝廷十分重视，每年都大肆铺张。据史料记载，在唐睿宗时期，元宵节要点花灯三天两夜，宫里要建造高达20丈的灯轮，点燃的花灯有50000盏。为了庆祝元宵节，宫里还要准备歌舞盛会。据说歌舞节目需要准备1000名宫女、1000名长安县和万年县的少女少妇的服装，还有10000钱花冠的费用。

唐玄宗李隆基的奢侈比起父亲唐睿宗是有过之而无不及，他取消了灯轮和灯树，命人建造灯楼。灯楼有150尺高，共有30间屋子，楼上面悬挂着金银玉珠，微风吹来，闪闪发光。

◆◆ 隆福寺长明灯楼

191

民间的灯会虽然不像宫中那样璀璨夺目、火树银花，但也是张灯结彩，夜晚走在街上，仿佛白昼一般，热闹非凡。

除了欣赏花灯，唐朝人在元宵节还会举行踏歌、拔河等娱乐活动。李白的《赠汪伦》中"忽闻岸上踏歌声"提到的"踏歌"就是元宵节的习俗。

有玩的习俗，自然不能缺少吃的习俗。现在我们过元宵节吃的是汤圆，寓意为团团圆圆，但唐朝是没有汤圆的。

唐朝之前还没有确定元宵节吃什么，到了唐朝才有专门的食物。到了元宵节，唐朝人主要吃以下几种食物：

1. 白粥或肉粥。肉粥又称为"膏糜"，即上浮油脂的白粥。

2. 面茧。一种用糯米做成的蚕茧形食物，一般在元宵节食用，或者用于祭祀蚕神。

3. 丝笼。一种用面粉做成的饼状食品。

4. 火蛾儿。一种油炸食品。

5. 玉粱糕。一种由米粉或者是面粉制成的糕点。

6. 焦馇。一种用面制成的、里面由南枣做馅儿的圆形油炸食物。

花好月圆人团圆是人们的追求，百姓传承着传统文化节日习俗，也传承着美好的愿望，希望在正月十五这一天，能够欣赏到圆圆的月亮，家中也能够团圆，这样的想法，从古至今一直都没有改变。

> 火树银花合，星桥铁锁开。
>
> 暗尘随马去，明月逐人来。
>
> 游伎皆秾李，行歌尽落梅。
>
> 金吾不禁夜，玉漏莫相催。

　　这首诗是唐代政治家、文学家苏味道的《正月十五夜》。此诗是苏味道的传世之作，诗中描写了武则天时期元宵节的景象。城中处处是灿烂绚丽的灯火和烟花，灯光闪亮，月亮高挂。城中道路四通八达，城门的铁锁也破例打开。人流拥挤，马蹄路过的地方尘土飞扬。另一边，月光下歌姬们化着浓妆，舞姿摇曳。她们一边走，一边唱着《梅花落》。京城里已经取消了夜禁，这一夜还很长，人们可以尽情享受元宵佳节的快乐。可快乐的时间总是过得很快，人们沉浸在快乐之中，流连忘返。

　　从这首诗中可以看出京城里的繁荣景象。夜晚万家灯火，犹如白昼，由此可知元宵节当天灯火数之多。

春节，长安城里最欢乐

如果问你一年中最欢乐的是哪一天？你可能会说是春节。春节有假期，有烟花，有团圆，有各种美食，还有丰富多彩的庆祝活动。

在唐朝，春节也是非常重要的节日。除夕年尾，新春年头，在外奔波了一年的游子都会在年前几天或者一个月前开始赶路回家，争取在新年那天阖家团圆，一起守岁。

唐朝时期过年也有很多习俗。

一、喝花椒酒

除夕夜一家人坐在一起吃年夜饭，配的是花椒酒。花椒酒能够驱寒祛湿。花椒酒并不是用花椒做的酒，而是把花椒放在吃饭的盘子中，喝酒时撒到酒里面一些。喝酒时小辈要先喝，辈分最大的人最后喝。

二、守岁

一家人吃完晚饭后不睡觉，而是围在火盆周围聊天，直到黎明。

三、舞傩

这是一种迷信的仪式，也称为"大傩"。据说在除夕这天，如果男童穿着红黑相间的衣服和裤子，脸上戴着可怕的面具，一边击鼓一边跳舞，那么就可以驱鬼。领舞傩的几个人叫"方相氏"，伴舞和配合方相氏的人有12个。姚合在《除夕二首》中用"傩声方去疫，酒色已迎春"描绘了这种活动。

四、放爆竹

唐初没有火药，人们在节日便用火烧竹子，爆竹的声音很响，让过节的氛围更加热闹。

五、写仙木

唐朝时期还没有贴春联的习俗，人们会在桃木上写"神荼""郁垒"两个门神的名字，然后挂在门上。这种桃木称为仙木，又称"桃符"。传说神荼和郁垒是兄弟，他们两个住在桃树下，可以抓鬼，保佑家庭和睦、福气来到。桃木可以辟邪消灾、震慑鬼怪。二者双管齐下庇护家人出入平安、身体健康。

六、吃春盘

春盘又称五辛盘，是用5种有辣味的蔬菜拼成的，5种蔬菜对应人体的五脏，辣味可以去除人体五脏内的腐气。

◆◆ 《三教源流搜神大全》中门神神荼和郁垒的画像

七、传座

传座是古代的说法，就是今天的串门。

八、祭祀先祖

唐朝的春节祭祀先祖并不是在过年当天去扫墓，只是给先祖上香，或者在过年前几天去扫墓。朝廷内的祭祀较为盛大，太常寺卿会带领男男女女在大殿前表演傩舞。

九、扫院子

新年新气象，过年期间，百姓都会扫扫庭院、洗洗衣服。这样在新年那天家里都是干干净净的。

除了吃喝玩乐，人们还很关心过新年放假的事情。当代社会春节假期是 7 天，从除夕到正月初六，初七开始上班。不过唐朝的放假制度和现在大相径庭。

唐玄宗颁布的《假宁令》中明确规定了如何放假。"元正、冬至，各给假七日。"元正指的就是新年，意思是春节和冬至官员们都有 7 天假期。虽然和现在一样是 7 天，但是唐朝的 7 天是以大年初一为第 4 天，大年初一前放 3 天，大年初一后放 3 天。

不同的职业放假时间也不同，例如私塾先生可以在腊月二十就开始放假，直到正月二十再开始工作，有一个月的假期。而有的官员即使放假也不能完全不上班。唐朝有规定，大年初一的早晨文武百官要到宫中给天子拜年，不能请假，因此官员一般要等早朝以后才能回家和家人团聚。此外，地方官员是不能离开衙门回家过年的，想团聚就需要家人来衙门里。

正月初七，民间称为"人日"，妇女会涂大红唇，涂唇有"万金红""内家圆"等名目。百姓会剪彩纸，如果碰巧立春和初七是同一天，那么就要剪双彩纸。天子和群臣会在一起赏景，随后天子会赏赐一些绸缎彩帛等给大臣。

197

作为传统节日，春节一直都备受重视，人们期待春节时的欢乐和团圆，喜欢烟花，希望事业和生活像烟花一样绚烂。虽然时代在变，但人们对于美好、平安和吉祥的追求一直没有改变过。

▶ 小知识

> 昨夜斗回北，今朝岁起东。
>
> 我年已强仕，无禄尚忧农。
>
> 桑野就耕父，荷锄随牧童。
>
> 田家占气候，共说此年丰。

这首诗是唐代诗人孟浩然的《田家元日》，讲述了作者在过年这一天的所见所闻。创作此诗时，孟浩然在长安，为了应试没有回家乡过年。

正月初一这一天，本来所有人都应该坐在家里和家人团圆，吃团圆饭，可是农夫们还在劳作，即使是过年也不休息，他们是多么劳累辛苦。孟浩然已到不惑之年，虽然自己在仕途上毫无进展，但仍担心农事。最后写田家元日之际，凭借占卜纷纷预言今年是一个丰收年，将恬淡、惬意的情趣融于节日气氛之中。

在唐朝如何不被蚊子咬

若问哪个季节让人又爱又恨，大概很多人会说是夏天。因为在夏天不用把自己包得像一个粽子似的，但几乎所有人有一个共同的敌人——蚊子。想要不因为蚊子的叫声而失眠，想要不因为蚊子的叮咬而烦躁，就需要解决蚊子。

解决蚊子有两种办法：一是用蚊香，二是用蚊帐。

用蚊香驱除蚊子从周朝开始就有了。《周礼》中有记载："翦氏，掌除蠹物，以攻禜攻之，以莽草熏之，凡庶蛊之事。"这句话的意思是，驱除虫子，一种方法是祈祷神灵，另一种方法是"熏"。前一种属于迷信，而后一种则是非常实用的办法。

佛堂为何没有蚊虫？因为佛堂有燃香，燃香时会有带香味的气体产生。所以人们想到了"熏"这个办法，所用的驱除工具称为"熏香"。熏香在先秦时就有，除了熏蚊子，也可以用于卧室消毒、去除异味、衣物增香等方面。

后来人们发明了香炉。考古学家发现，唐朝已有了很多造型精美的香炉。且熏香经过近千年的发展已经十分完善，越来越环保，可以不焚烧香品，直接隔火片加热，不出香烟就能放出香味赶走蚊子，因此称为"隔火熏香"。

古代的蚊香是怎么做出来的呢？《周礼》中提到驱蚊用的是莽草，莽草香味浓郁，味道辛辣，而且有毒，对人有危害，所以不常用。后来人们又找到了石菖蒲和艾叶做蚊香。

香药是另一种可以驱除蚊子的东西，制作方法多种多样，根据用途使用不同的材料。大多数情况下，香药是用阴干后的艾草、烟叶、浮萍等材料和雌黄、砒霜等物质混合制成的。随着时间的推移，人们发现有很多材料都可以做蚊香，如玫瑰、檀香、茴香、桉叶、樟脑、柠檬、薄荷、柏木、橘皮、野菊花、菖蒲、香茅、薰衣草等。

虽然人们已经竭尽全力让蚊香不污染环境，但都没有用蚊帐环保。蚊帐的使用也很早，最早在先秦就有。在东汉刘熙的《释名·释床帐》中称："帐，张也，张施于床上也。小帐曰斗，形如覆斗也。"人们把帐在床上张开，因为形状像斗，所以"小帐"也叫"斗"。

唐朝的帐有厚的有薄的，厚度不同则用处不同。大多数蚊帐都是用纱、绮、缣、锦、罗等面料制成的。夏天温度高，布料越薄，通风性越好。百姓的生活条件有限，很多人家都用不起纱、绮等，只能用葛或者布。

唐朝时期经济发达，人们生活水平提高，蚊帐已经是家家户户的生活必需品了。除了蚊帐和熏香，唐朝人还有三个驱蚊法宝：

一、香囊

唐朝的香囊和今天的香囊类似，可以放在手里把玩，也可以挂在蚊帐上。唐朝人睡在蚊帐里，睡觉之前手上把玩着香囊，香气就会散发到蚊帐的各个角落，即使蚊子从蚊帐外面钻进来，闻到香味也会逃跑。

二、棕拂子

棕拂子和现在的苍蝇拍很像，拂子就是麈尾。棕拂子由两部分组成：一部分是柄，另一部分是动物的尾毛，也有的用棉、麻或者棕长丝制成。唐朝时期多用棕榈叶。棕拂子物美价廉，非常实用。

三、避蚊扇

用夜鹰的羽毛做的扇子。因为夜鹰吃蚊子，所以蚊子不敢靠近夜鹰，用夜鹰的羽毛做扇子，蚊子就不敢靠近人了。

▶ **小知识**

沉沉夏夜兰堂开，飞蚊伺暗声如雷。

嘈然欻起初骇听，殷殷若自南山来。

喧腾鼓舞喜昏黑，昧者不分听者惑。

露花滴沥月上天，利觜迎人著不得。

我躯七尺尔如芒，我孤尔众能我伤。

天生有时不可遏，为尔设幄潜匡床。

清商一来秋日晓，羞尔微形饲丹鸟。

这首诗是唐代诗人刘禹锡的《聚蚊谣》。唐朝元和年间，王叔文政治集团倒台，刘禹锡受到牵连，随后被贬谪到朗州任司马。腐朽的官僚还落井下石，恶意中伤他。刘禹锡无可奈何，写下了这首诗。在诗中，刘禹锡把那些官僚比作蚊子，讽刺其狠毒和腐朽。

当天子不明事理、是非不分时，便是人间的黑暗之时，在这黑暗之中，那些腐朽的官僚就像蚊子一样飞扬跋扈，因为敌众我寡所以才会被中伤。虽然现在对你们束手无策，但是你们是不可能永远存在的，等过了这个时期，迎来光明，你们都将被消灭。诗人在朗州就像躲在蚊帐里一样，可以避免伤害。

诗中"为尔设幄潜匡床"中的"幄"指的就是蚊帐，刘禹锡处于中唐时期，即使被贬，夏日里也有蚊帐，由此可见，那时蚊帐已经非常普遍。

没有雪糕怎么解暑

随着科技和时代的发展，现在人们的生活越来越幸福，越来越舒适：冬天有暖气，夏天有空调。唐朝是一个没有电的时代，人们是怎么度过炎热的夏天呢？

对于炎热的夏天，唐朝人有以下几种办法来应对：

一、冰窖

在没有冰箱的唐朝，夏天最难储存的就是冰了。唐朝没有冰箱，那么冰是从哪里来的呢？长安有一段渭水河，冬天河面会结一层冰，贵族或者大户人家就会让下人去河里取冰，然后放到自家地窖里。地窖都挖得很深，通过梯子上下。把冰放在冰窖的最底端，摆好之后在上面放柴草和泥土，将冰封死，冰就不会融化。

到了夏天，再把冰拿出来放到房间里，冰散发出的冷气就可以消除热气。也有人把冰块放到凉席的下面解暑，不过这种方法更适合年轻人，中老年人躺在凉席上容易受凉。冬天有人雪中送炭，夏天有人暑中送冰，有的人会把冰做成冰山的形状，然后送给上级官员或者皇上。

二、搭凉棚

唐朝的凉棚是用竹子搭建的，凉棚的上面用不吸热的丝绸来遮挡阳光。富家子弟会让人在三伏天来临之前搭好凉棚，到了伏天，下午就在棚子里乘凉，还会叫上几个朋友，让歌姬舞姬唱歌跳舞。他们坐在凉棚下一边乘凉，一边吃着美食看表演。

三、穿纱质的衣服

唐朝已经出现了纱，薄薄的一层，透气性很好，夏天穿着很凉快。

四、勤洗澡

洗澡能够让人凉爽，热了就多洗澡。但在唐朝，只有贵族或者皇室才有条件勤洗澡。

五、用扇子扇风

唐朝的有钱人家或者皇室子弟会让下人扇风，当然，这样做就苦了那些下人们了。夏季本来就热，越劳动自然越热。

◆ 《簪花仕女图》中，侍女执长柄团扇

六、去山上避暑

　　说到避暑的地方，很多人都会想到避暑的山庄，但是避暑的山庄是皇帝避暑的地方。山上要比城市凉快一些，所以，三伏天皇帝热得受不了就会去山上。皇帝不能住茅屋，他就命人在山上建造宫殿。虽然是山上的宫殿，但是也非常豪华。

　　平民百姓没有条件去山上建造宫殿，但是他们可以在山上搭一个小茅屋。他们也可以去寺庙，因为寺庙一般都建在山上，山上海拔高，温度低，是个不错的避暑之地。

七、吃凉的甜点

唐朝虽然没有冰箱，但是有冰窖，也有冰。唐朝的美食家就发明了很多冰的甜点，如"滴酥""玉露团""贵妃红"等点心，这些都是唐朝贵妇夏天的最爱。

▶ 小知识

> 落日放船好，轻风生浪迟。竹深留客处，荷净纳凉时。
> 公子调冰水，佳人雪藕丝。片云头上黑，应是雨催诗。
>
> 雨来沾席上，风急打船头。越女红裙湿，燕姬翠黛愁。
> 缆侵堤柳系，幔宛浪花浮。归路翻萧飒，陂塘五月秋。

这是唐代诗人杜甫的《陪诸贵公子丈八沟携妓纳凉晚际遇雨二首》。杜甫创作这两首诗歌的时候还很年轻，诗中他陪着一些贵族公子一起纳凉。

从诗中我们可以看出，唐朝的贵公子在炎热的夏天可以通过喝冷饮解暑，并泛舟游玩，一边欣赏美丽的风景，一边欣赏歌舞，心情十分愉悦。可见，贵族子弟的生活有多奢侈。

唐朝晚上有夜市吗

　　说起夜市，很多人首先会想到那句"去年元夜时，花市灯如昼"。宋代的夜市的确繁华，达到了古代夜市的鼎盛状态。繁华的夜市也说明国家的昌盛，百姓生活的祥和。夜市起源于唐朝的开元时期，因为国家繁荣昌盛，所以才有夜市的万千灯火。

　　当然，唐朝有夜市还源于唐朝开放的思想。在唐朝之前，不兴夜市不只因国家不够繁荣昌盛，还有思想封闭、夜禁制度严格等原因。

　　唐朝之前，人们的夜生活是非常简单的。普通百姓没有灯光，就只能借着月光，或者是聊聊天、唠唠家常，讲讲笑话、鬼故事，或者是听听长辈讲一些历史故事，讲讲祖辈上发生的事情，长辈对小辈教育一番，说说礼仪和人生经验等。

在夜市出现之前，唐朝法律规定：夜行者将受到笞二十的责罚。法律不许百姓夜晚出行是为了防止坏人犯罪或者民众起义，维护政治上的稳定。到了唐朝开元时期，国家繁荣，政治稳定，所以就对夜禁没有那么严格了。

我国现在的行政区域按省级、市级、县级和乡级来划分，在唐朝是道、州、县。唐朝的城市不按照街道划分，而按照坊划分。坊内有商店、饭馆、客栈、药铺等，是商业活动最多的地方。坊内也有十字街、小巷。唐朝最初的宵禁只针对坊外的大街上，坊内是没有限制的。

一般来说，一个地方的夜市越热闹说明人们越富有。不同的城市，夜市的繁华程度不同。同一个夜市，不同阶级的人消费水平也是不同的。

百姓们来到夜市一来是逛，二来是吃，三来是买。和现代一样，唐朝的夜市卖的也是新奇的商品，如色香味俱全的小吃、有当地特色的食物，以及独门配方制成的饮品等，但是没有昂贵的瓷器、首饰。

夜市中的商铺大多数都集中在东市和西市，各种小商小贩也都去那里售卖东西。

唐朝最热闹的夜市，当数长安的夜市。长安的夜市最繁荣的地方是歌馆和酒楼，歌馆里歌舞升平，可以听曲、唱歌、弹琴、吃小吃。酒楼里，三三两两的朋友在一起觥筹交错，来回劝酒，不醉不归。如果是文人雅客，可能相聚一堂行酒令或作诗。

◆ 唐墓壁画乐伎右教坊

　　不过，唐朝的夜市后来就只对富家子弟、文人骚客开放了，至于普通民众，他们只能在特殊的日子出来逛夜市，例如元宵节前后。

　　到了唐朝晚期，朝政和社会都渐渐失去秩序，即使唐朝官员明令禁止夜市，还是有很多人公然反抗，形成了"地摊经济"。夜市兴起的同时也兴起了"鬼市"，一些不法分子趁机进行非法交易，还能巧妙地避开大唐律例的惩罚。

▶ 小知识

　　　　　　夜市千灯照碧云，高楼红袖客纷纷。

　　　　　　如今不似时平日，犹自笙歌彻晓闻。

209

这首诗是唐代诗人王建的《夜看扬州市》。夜晚的扬州城灯火通明，从远处眺望，夜市十分繁华热闹。有千万灯火照亮着天上的云，高楼处飘出一抹抹红袖，女子们浓妆艳抹，风姿绰约，招呼着来往的客人，进入高楼的人络绎不绝。

今非昔比，战乱驱散了大唐的繁华，也让夜市的热闹飘走了。同样的地方，同样的时间，再也看不到曾经的昌盛和祥和。然而，扬州的夜市还能听到笙歌，通宵不停。

王建来到扬州之时已经是安史之乱之后，一场战乱让开元盛世的繁华烟消云散。开元盛世时的夜市人声鼎沸，有排排酒楼，歌舞升平，一片安居乐业的景象。安史之乱之后，虽然还有歌声，但是歌声中是哀怨，是无奈，是心酸。作者将安史之乱前后的夜市情况进行了对比，体现出诗人的心痛和惆怅。

扬州是唐朝第一个解除夜禁的城市，商业发展迅速，开元盛世期间十分繁荣，夜市可以经营到三更天。

呱呱坠地，起名不易

唐朝有很多人在诗歌方面有很大的成就，因此，产生了一些称谓来赞扬他们，例如，杜甫被称为"诗圣"，白居易被称为"诗魔"，贺知章被称为"诗狂"，还有"太白仙才，长吉鬼才"的说法。众所周知，"太白"是诗仙李白，那么"长吉鬼才"是谁呢？他就是"诗鬼"李贺。

李贺自幼聪慧，7岁就能作诗，同时他学习十分刻苦，原本李贺能够依靠自己的才华，考取进士，改变命运，却因为一个名字与仕途无缘。

唐朝的应试制度中有避讳一说，李贺的父亲名为李晋肃，名字"晋肃"与"进士"谐音，李贺因此不能参加科举考试。李贺壮志难酬，整日闷闷不乐，心结难解，最后英年早逝。

父亲名字中的一个字，葬送了一个青年的美好未来，可见唐朝百姓的名字真的不是轻易起的，那么起名要避开哪些坑呢？

唐朝取名避讳主要有两种类型：一种是国讳，另一种是私讳。避国讳的意思是名字中不能使用和当朝圣上及其上七代人名字一样的字。在唐朝有明文规定，没有避国讳的人是要受到惩罚的。

《唐律·职制律》中规定：官员上疏奏事的文件中没有避国讳，受杖刑八十；纳谏说话时口误没有避国讳，受鞭刑五十；起名没有避国讳，受劳役三年。

虽然避国讳让人纠结，但是也有因为避国讳而产生的有趣的事。例如，唐朝的皇族都姓李，因为李和鲤鱼中的"鲤"同音，所以在唐朝是不允许吃鲤鱼、捕鲤鱼的。

那么，在唐朝到底哪些字是国讳呢？敲黑板划重点，开始记笔记啦！

如果起名有虎、昞、渊、世、民、治、弘、显、旦、隆、基、亨、豫、诵、纯、恒、湛、涵、昂、炎、忱等，那就是踩地雷了。此外，和这些字谐音的也不能用。

避私讳是指人们在起名或者创作时不能用自己祖上三代之内名字里的字。例如，杜甫的父亲是杜闲，为了避讳，杜甫创作的所有作品中都没有"闲"这个字。

名字可以代表父母对于孩子的祝愿，也是一个人的门面，每个人都希望有一个好听的名字。作为父母，当然也希望自己的孩子能有一个响亮、文雅的名字。但是在古代还有一种说法，如果孩子的名字起得太"大"，孩子会撑不起，容易生病，甚至早夭，比如说"龙""天"这些字。如果孩子出生之后身体不好，或者在出生时被人说"克父"或者"克母"等，那么孩子的名字就可以起得不好听一些，例如带有动物的名字，二狗、三猫等，以求孩子日后能够顺畅一些。

汉宣帝刘询是历史上唯一在牢狱中长大的皇帝。他出生不久，祖父刘据遭到江充等人的巫蛊陷害，起兵失败后自杀，母亲随后也自缢。在当时很多人看来刘询是一个不祥的孩子，所以就给他起名"病已"，"病"是生病，"已"是停止，虽然不好听，但是寓意是好的。没有什么比健康平安更重要的了，大概也不会有人要面子不要命吧！

▶ **小知识**

> 春风送暖百花开，迎春绽金它先来。
> 火烧杏林红霞落，李花怒放一树白。

这首诗据说是李白名字的由来。

在古代，有的父母在孩子出生前就取好名字，表示对孩子的期待；有的等到满月之后，在宴席上把新成员介绍给亲朋好友，因为担心孩子早夭，让家人空欢喜；有的等到孩子抓周，根据抓周结果来给孩子取名。

李白的父母属于最后一种。相传在李白周岁的时候，父母为他举行了抓周仪式。看到李白抓到了《诗经》，他的父亲十分高兴，但很快又开始犯难：孩子要真成了一名诗人，名字不能太难听了，一定要符合诗人的身份。他迟迟没有下决定，直到 6 年后。李白 7 岁那年的春天，他和父母一起在院子里闲坐，一家人看着生机盎然的春日美景，便决定赋诗一首。

李父说道："春风送暖百花开，迎春绽金它先来。"李母随后接道："火烧杏林红霞落。"

李白立刻指着李树咏道："李花怒放一树白。"

李父听到后十分高兴，又重复了儿子的句子，第一个字是自家的姓氏，最后一个字写出了李花的典雅高贵，寓意好，又富有诗意，所以便给儿子取名"李白"。

没有身份证怎么证明身份

　　唐朝的身份证明不是一张纸，而是一个符。身份证明也可以说是官员证，因为只有官员才有这个证件。官员证上一般会写官员的姓名和官职，有的连姓名也没有，只有官职。只要是朝廷官员，就有一个符，官员的官职和级别不同，符就不同，符的材质也不同。

　　根据官职和级别的不同，符分为虎符、兔符、龙符、麟符等。其中，最常见的是虎符。

　　唐高祖为避其祖李虎的名讳，就把虎符改成鱼符。鱼符一半在宫内，另一半在臣子手中。两半鱼符拼在一起才能生效。

　　武则天登基后，将鱼符改换为龟符，相传原因是她认为乌龟比鱼更加长寿。只有官位做到五品以上才有可能拥有龟符。

皇帝微服出巡之后，朝中事务由太子管理，太子管理朝政的凭证就是龙符，证明太子身份的是玉契。

如果皇上微服出巡时还没有立太子，就由大臣管理朝廷，管理的凭证是麟符。

有的符上会刻名字，官员卸任后，需要将符交回。如果符上面没有名字，卸任时直接将符交给下一任官员就可以。

身份证明一直都是十分重要的事情，更何况是能够调兵遣将的物证，那么这些物证如何辨别真假呢？

首先，为了防止有宵小假冒官员，朝廷有相关律条，所有的凭证都禁止伪造、外借。私自制造凭证者，会受到很严厉的惩罚。

其次，在给官员发符的同时，唐朝政府还会给官员配一个袋子，装鱼符的就叫鱼袋，如果只有符没有袋子，那么也不能证明是真的，必须两个都有才可以。

最后，不同的符，材质也不同，而且符的形制是保密且防伪的，没有见过或者用过的人根本不会知道，即使是伪造，也可能使用了错误的纹印，这样符是否是真的就一目了然了。

在这些符中，三品以上官员或者皇亲国戚的符用黄金制成，五品以上官员的符用白银制成。

这些身份证明不仅材质有区分，时效也有区分，有的是暂时的，就是官员任职时才能使用，而有些是终身的，即使官员卸任了依旧有在任时的权力。

古代的身份证明体系不够完善，如果唐朝时期身份证明这一方面体系完善，不是只给官员身份证明，而是给所有的子民，并且像现代社会一样，在身份证明上配有画像等，那么社会或许会更加稳定了。

▶ **小知识**

> 羽檄如流星，虎符合专城。喧呼救边急，群鸟皆夜鸣。
>
> 白日曜紫微，三公运权衡。天地皆得一，澹然四海清。
>
> 借问此何为，答言楚征兵。渡泸及五月，将赴云南征。
>
> 怯卒非战士，炎方难远行。长号别严亲，日月惨光晶。
>
> 泣尽继以血，心摧两无声。困兽当猛虎，穷鱼饵奔鲸。
>
> 千去不一回，投躯岂全生。如何舞干戚，一使有苗平。

这首诗是唐代著名诗人李白的《古风·其三十四》。诗中描述的是唐朝廷征讨南诏的事件，因为朝廷要平定南诏叛乱，所以需要更多的战士。"羽檄如流星，虎符合专城"表明，在唐朝如果军中的文书上插有羽毛，那么表明军情十分紧急。虎符是权力的象征，可以号令兵马。这个时候，通常是认符不认人的。只要两块虎符合在一起，就可以调动兵马。

唐朝的丧葬礼仪制度

唐朝葬礼程序包括朝廷礼法的要求和民间延续下来的习俗。唐朝是一个等级观念十分分明的王朝，就连葬礼也有严格的等级划分，越是高贵的人葬礼程序越多。

去世的人身份不同，叫法也不同。天子去世称为"崩"，皇室贵族和三品以上官员去世称为"薨"，四品、五品官员去世称为"卒"，其他官员或者平民去世称为"死"。

除了葬礼形式上有盛大和简单之分，从坟墓的大小高低也可以判断死者生前身份的高低。唐玄宗之前朝廷对墓地大小有明确的规定。

一品官员的墓地方圆九十步，坟高一丈八尺。

二品官员的墓地方圆八十步，坟高一丈六尺。

三品官员的墓地方圆七十步，坟高一丈四尺。

四品官员的墓地方圆六十步，坟高一丈二尺。

五品官员的墓地方圆五十步，坟高一丈。

六品及以下官员墓地方圆二十步，坟高八尺。

平民百姓的墓地无方圆步数，坟高四尺。

到了唐玄宗统治时，朝廷新出台关于送终的原则：古之送终，所尚乎俭。在这个政策之下，所有官员的墓地和坟高都做了调整。五品以上的官员的墓地方圆各减二十步，六品以下的官员的墓地方圆减五步。平民百姓的墓地为方圆七步。三品以上的官员的坟高减二尺，四品及以下官员的坟高减一尺。

坟高和墓地大小经过改革后，明器数量也有了变化。

唐玄宗之前，朝廷规定三品以上的官员死后可以有90件明器，五品以上的官员可以有70件明器，九品以上的官员可以有40件明器。

开元二十九年（741）正月十五日颁布的律例规定，明器数量降一级。三品以上官员明器为70件，五品以上官员明器为40件，九品以上官员明器为20件，平民百姓从不做要求变成最多用15件明器。

官员们的陪葬和墓地规模是从大变小的，而皇帝的丧葬待遇却是不断变高的。皇帝生前拥有至高无上的皇权，地位尊贵，即使去世，也有余威。唐朝皇帝的坟墓规模都很大，坟高如山陵，因此把皇帝的墓地称为陵。

为死者办理完后事便要服丧。服丧也有等级之分，不同级别的服丧时间和礼仪不同。

唐朝时期的服丧制度还延续着之前的五服之制。"五服"是5种服装，为服丧期间所穿，由重到轻为斩衰、齐衰、大功、小功和缌麻。关系最亲近的便穿最重的丧服斩衰。例如，子女为父亲，父亲为嫡长子，妻妾为夫君等，守丧时间为3年。

齐衰为第二等亲近，分为三个等级。如果子女的父亲已经去世3年，在母亲去世时，或者母亲为长子服丧就可以穿齐衰，服丧时间是3年；如果父亲在世，母亲去世、妻子去世，伯父伯母叔父叔母、男子的兄弟等去世，已嫁女子母亲去世、媳妇的公婆去世、孙女孙子的祖父祖母去世都可以穿齐衰，服丧时间是1年；男子为曾祖父曾祖母服丧可以穿齐衰，服丧期限为3个月。

大功是第三等丧服，男子的已嫁的姐妹、姑姑、堂兄弟、未嫁的堂姐妹，女子的丈夫的祖父母、伯父母、叔父母，女子的外甥，这些人去世可以穿大功，服丧时间是9个月。

小功是四等丧服，一般是男子的叔伯祖父母、堂伯父母、堂叔父母、堂祖兄弟、外祖父母，以及女子的丈夫的姑姑、姐妹等去世，可以穿小功，服丧时间是5个月。

缌麻是五等丧服，男子的族曾祖父母、族祖父母、族父母、族兄弟、表兄弟、岳父岳母、舅父、女婿、外甥、外孙等去世，可以穿缌麻，服丧时间是3个月。

唐朝丧服的等级和男女、亲疏、嫡庶有很大关系，处处有等级，人和人之间的关系是明显不平等的。

▶ 小知识

洛阳北门北邙道，丧车辚辚入秋草。

车前齐唱薤露歌，高坟新起白峨峨。

朝朝暮暮人送葬，洛阳城中人更多。

千金立碑高百尺，终作谁家柱下石。

山头松柏半无主，地下白骨多于土。

寒食家家送纸钱，乌鸢作窠衔上树。

人居朝市未解愁，请君暂向北邙游。

这首诗是唐代诗人张籍的《北邙行》。在唐朝为逝者送行有唱《薤露》歌的习俗，《薤露》歌是一首挽歌，曲调悲怆凄凉，让人十分感伤。唐朝人对丧事非常重视，与丧者有些关系的人几乎都需要出席。

守孝期间不能做什么

　　"万恶淫为首，百善孝为先。"在唐朝，孝顺不仅是生前对父母百依百顺，听从父母的安排娶妻嫁人，还包括在父母死后守孝。前面讲到，在父母或者亲人去世之后，都要穿丧服服丧。服丧需要在家完成，古代称为"居丧"，又叫"丁忧"。

　　丁忧虽然只是表面行动，但还是可以看出一个人是否"孝"。唐代的科举考试不仅看考生的文采，也注重考生的社会评价和人品。如果考生在丁忧期间表现优异，那么会得到地方官员的称赞和举荐。如果考生不孝，那么不仅会遭到社会的批判，考科举做官更是难于上青天了。

　　很多人认为丁忧就是在家待着不工作不出门，其实这只是最基础的。丁忧涉及守孝人的衣食住行。在父母葬日或者葬后第二日，子女哭祭完，可以吃粗饭喝水；一年后举行小祥祭礼，之后可以吃菜和水果；两年后举行大祥祭礼，然后可以吃肉；再等过一个月举行完除丧服的礼后才可以喝酒。

住的方面，守孝人不能睡在床上，只能睡在草席上，不能用枕头，只能枕在砖头上。出行方面，守孝人不能走正门。另外，家中不能进行嫁娶，夫妻不能有性生活，不能弹琴奏乐，不能拜访亲人朋友，新年的时候不能贴对联，可以对朋友发来的红白请柬置之不理，读书人不能考科举。

在唐朝，如果皇帝驾崩，那么举国上下都要服丧。天子去世属于国丧，一段时间内都不能有大型庆祝活动，一旦被发现，将会受到严重惩罚，例如杖刑、服劳役等。

和父母亲人去世丁忧相比，国丧的时间算是短的。我们经常会在人物传记中看到某某人的母亲或者父亲去世丁母忧 3 年或者丁父忧 3 年。的确，在唐朝，如果是父母去世，那么作为子女要守孝 3 年。为何是 3 年呢？因为孩子从出生到 3 岁之前都是在父母的怀抱中度过，不能出门的。但是如果是重要的朝廷官员，守孝 3 年是不现实的。这时候便出现了另一种情况——夺情。

丁忧者守孝之前是有流程的。在丁忧者接到噩耗之后要先向上级汇报，并且请假，然后就可以回到住处收拾行李赶往家乡。100 天后，丁忧者就完成了卒哭之礼，朝廷就出面夺情。接到夺情，丁忧者不能立刻答应，需要婉拒，随后就是夺情和婉拒的循环，三番五次之后，丁忧者就可以表现出无奈，最后答应，丁忧者就可以继续工作。

丁忧者工作是两点一线，分为在家里和在工作单位。丁忧者在家里要穿着丧服，去单位可以穿素服。虽然已经回到工作岗位，但是丁忧者还是不能参加娱乐活动。

位高者会被夺情，也可以主动申请夺情，但是地位低微的官员，只能放弃自己的官职。丁忧者离开了工作岗位，所以职位被降了，薪水也变少了。很多官员因为丁忧，自己的生活都成了问题。官职又来之不易，因此很多人在接到噩耗之后选择不上报，如果侥幸逃过便还好，一旦被发现就是犯法的，不仅会丢掉官职，还会受到杖刑或者充军发配的处罚。

▶ **小知识**

> 乌啼鹊噪昏乔木，清明寒食谁家哭。
>
> 风吹旷野纸钱飞，古墓垒垒春草绿。
>
> 棠梨花映白杨树，尽是死生别离处。
>
> 冥冥重泉哭不闻，萧萧暮雨人归去。

这首诗是唐代诗人白居易的《寒食野望吟》。唐朝时期有寒食节扫墓的习俗，寒食节和清明节相邻，在清明节的前一天或者两天。这首诗描述了寒食扫墓的情景。

唐朝人祭祀时会前往逝者的坟地烧纸钱，虽然这是一种迷信的做法，但是也是守孝者必须要做的，否则会受到大众的谴责。和丁忧不同的是，在唐朝的寒食节和清明节，官员们都有假期，可以在假期的时候回去扫墓，不至于因为扫墓丢了官职或者降职降薪。

第七章

年头年尾，

皆有风景

挣了钱，缴多少税

缴税这件事在秦朝之前就开始了，而赋税过重是秦王朝灭亡的原因之一。一个王朝能存在多久，与百姓的生活质量息息相关。正所谓"得民心者得天下"，百姓的日子过得好，统治者自然受拥戴，王朝能够长时间存在也就是必然的。但如果统治者对百姓太过严苛，让百姓生活在水深火热之中，那么民众很有可能会揭竿而起。唐朝能够在历史上长时间存在，可见统治者对百姓还是很好的。

唐朝初期的赋役制度叫"租庸调"，它是以均田制为基础来推行的。租庸调制的重点在于根据人丁的数量进行纳税。

租庸调制规定，每丁每年缴纳 2 石粟或 3 石稻，这称为"租"。"庸"是百姓对国家的义务劳动。虽然唐朝有很多工程，例如修水渠、水井、运河、宫殿等，但是唐朝没有工程队，也没有建筑公司，只能是百姓出力。

另一个体现唐朝体恤百姓的事情就是，男丁 1 年服徭役的时间只有 20 天。如果是闰月，则为 22 天。如果不服役的话，那么男丁需要连续 20 天缴纳三尺绢或者三尺七寸五分的布。汉朝男丁服徭役时间是 30 天，由此可见，唐朝皇帝比汉朝皇帝更加体谅百姓的辛苦。

如果某一个平年工程较多，赋役时间超过 20 天，甚至超过了 25 天，那这年就不用交布匹了；若是多赋役的时间超过了 30 天，则地租和布匹都不用交了。唐朝没有超过 50 天的赋役，所以没有设定男丁赋役超过 50 天的补偿。

随乡土所产，蚕乡每丁每年纳绫、绢、絁二丈，非蚕乡纳布二丈五尺、麻三斤，这种交税称为"调"。

唐朝初期，户籍制度不完善，很长时间才更新一次，新出生的丁没有及时得到登记，而记载的丁中随着死去的人数越来越多，却又没能得到及时更新，致使朝廷收到的税就越来越少。

另外唐朝初期百废待兴，人口相对较少，所以国家能够把多的土地分给土地少的百姓。随后国富民强，人口增多，土地便不够用了。百姓之间田地转卖，贫富差距也就越来越大。很多农民面对着地少税多的情况，甚至为躲避赋税四处逃亡。

课户和免课户都是唐朝的特殊人群，课户是普通老百姓，免课户是贵族、官员或者有大功的人，不用交税，而且僧人尼姑也不用交税。

为了免税，想考功名的人就越来越多，有些人甚至到了 50 岁还在考功名。

很多人会疑惑，为什么唐朝的阶级划分是士农工商，明明很多做官种地的人还没有商人有钱，凭什么他们的身份要高于商人？其实原因是在唐朝初期，国家并没有对商人作出纳税的规定，他们甚至不用交税，所以，商人排后面。

租庸调制是要配合均田制的，因为后来均田制被破坏，而且税收少无法满足朝廷的需求，所以租庸调便被废除了。

到了唐朝中后期，朝廷出台了两税制。两税制是按照亩收税的。朝廷每年收 2 次税，夏天 1 次，在 6 月完成；秋天 1 次，在 11 月完成。

两税制按照户纳税，按照每户拥有的田亩数来纳米粟税。如果是没有固定住处的商人，那么按照规定，要缴纳的税款是他收入的三十分之一。如果是孤寡老人没有收入，那么可以不纳税。

从纳税改革来看，如果你回到唐朝，还是到初唐较好，虽然朝廷人员在统计户籍上工作量大，有所疏忽，但是好在百姓的日子还算过得不错。

▶ 小知识

> 织妇何太忙，蚕经三卧行欲老。
>
> 蚕神女圣早成丝，今年丝税抽征早。

早征非是官人恶，去岁官家事戎索。

征人战苦束刀疮，主将勋高换罗幕。

缲丝织帛犹努力，变缉撩机苦难织。

东家头白双女儿，为解挑纹嫁不得。

檐前袅袅游丝上，上有蜘蛛巧来往。

羡他虫豸解缘天，能向虚空织罗网。

这首诗是唐代诗人元稹的《织妇词》。蚕种三卧之后就老了，织妇们十分繁忙，一边织布一边祈祷蚕早些出丝。去年有战争发生，战士们打仗辛苦，丝织品可以包扎伤口，或者给将军做罗幕。今年官府要百姓提前交丝税，所以织妇们才更加繁忙。原本织丝已经很费力气了，还要有花纹的绫罗，女人们要更加卖力气，拨动机器，多少女人把光阴花费在织布上。织妇们都羡慕蜘蛛，它们可以自由自在地编罗织网。

都说男丁在田地中耕种辛苦，可是在家里织布的妇人们也并没有很轻松。战士出征，却连累了无辜的百姓，苛捐杂税导致民不聊生。妇女们为了织丝浪费了大好青春，从早到晚，都把心思放在织布上。

元稹生活在唐朝中期，应是处于租庸调和两税制的交替时期，或者租庸调的后期，朝廷收税的方式还不是收钱。不过在战争时期，即使不是收钱，也给百姓带来了很多灾难。

钱是什么样子的

从古至今，人们的生活都离不开一个"钱"字。唐朝的钱是什么样子的呢？一起来认识一下。

唐朝刚刚建立的时候，百废待兴，唐高祖把精力都放在了政治和经济上，货币还沿用隋朝使用的隋五铢。等到朝廷稳定下来，才把注意力放在货币上，开始铸造开元通宝。

开元通宝上面的字是唐代著名书法家欧阳询写的，共有两种字体：一个是八分体，一个是隶体（一说八分、篆、隶三体）。货币是一个国家的象征，唐朝自然对货币十分重视。欧阳询也不负众望，将"开元通宝"4个字写得苍劲有力、浑然一体。

初唐的开元通宝直径为 2.4 厘米左右，重约 3 克。不管是大小，还是重量都适宜，对中国货币的发展产生了深远的影响，为以后世的铜钱做出了典范。

在材质上，除了铜，还有金、银、锡等，有大、中、小3种尺寸，不同的材质和尺寸搭配在一起，唐朝的开元通宝版式超过100种。

虽然材质上多种多样，但是不是所有材质的货币都是流通的，真正流通或者常用的只有铜钱。银钱和金钱主要用作赏赐、馈赠、祭礼。

有需求就会有商机，唐朝人多地广，开元通宝需求量大，所以铸钱炉的需求量和使用量就大。据说，唐朝天宝年间最多时有铸钱炉近50处。铜钱的成分包括铜、白镴、锡，而最多的时候1年内可以耗费超过20000斤铜、30000斤白镴、500斤锡。

开元通宝作为唐代第一种货币，制作精良，边角齐整无瑕疵，表面光滑而平坦，书法隽秀而有力，不仅具有使用价值，而且具有欣赏价值和收藏价值。

唐朝的铜钱在设计上独具匠心，钱上面除了有"开元通宝"4个字，还有一些额外的设计。

铜钱的背面有一个突出的圆点，或一条弯曲的凸钱，或是几条弯曲的凸钱，或是浮云，钱币学称之为"星月纹"。铜钱背面的星纹分为穿上星纹和穿下星纹，星月纹向上弯称为"仰月"，星月纹向下弯称为"俯月"，穿星纹侧立称为"侧月"。这些设计都表达了人们的美好愿望，有吉祥的寓意。

还有一种有纪念意义的开元通宝，类似今天的纪念币。它有一个特点，就是"开元通宝"4个字中的"元"字有左挑右挑和双挑的分别。这种纪念币是从武德年间开始铸造的，最初是"元"字左挑，贞观年间出现"元"字右挑，开元年间出现"元"字双挑。纪念钱币只有在有大事发生的时候才会铸造，数量并不多。因为材质、重量等一直在发展变化，所以分辨起来也较为困难。

唐朝担心重蹈隋朝的覆辙，出现通货膨胀，因此在生产货币上小心翼翼，一直控制着货币的数量。虽然有钱币，但是有时会出现钱币不够用的情况。朝廷也鼓励以物换物，百姓没有钱币时会用布帛进行交易。

朝廷生产了大量的钱币，为何还会出现不够用的情况？因为大唐和许多国家交往频繁，就有一部分钱币进入外国人的口袋，还有一些国人有收藏钱币的习惯，钱币只进不出。

在乾封元年（666年）朝廷又推出了乾封泉宝，直径2.6厘米左右，楷书字体，旋读，光背，用铜制成。使用效果并不好，没过多久便停产，百姓多使用乾封大钱。

安史之乱，史思明先后发行了钱币，称为得壹元宝和顺天元宝。得壹元宝表面是很红的铜色，钱文用隶书写的，钱的背面有月纹。顺天元宝除了质量较重，其他和得壹元宝无异。

唐肃宗年间发行了乾元重宝，也是用隶书钱文，顺读，有光背，背面还有俯月、朱雀、祥云和星文。后来又铸了一种重轮钱，钱背面有两层外廓，直径 3.5 厘米。发行得越多，钱币越贬值，物价抬高，百姓便无钱买米，饿死的人有很多。

唐代宗时期铸有大历元宝，直径 2.3 厘米左右，钱文用隶书，旋读，背后没有文字，是小平钱。

唐武宗时期，朝廷废佛铸钱，新铸的开元通宝铜钱后面有地名，制作略粗糙，所以叫会昌开元。

唐朝的钱币虽然有很多种，但也有很多相似之处，大小上不相上下，钱文多数都是用隶书体。

▶ 小知识

> 长江春水绿堪染，莲叶出水大如钱。
>
> 江头橘树君自种，那不长系木兰船。

这首诗是唐代诗人张籍的《春别曲》。诗中描写了长江水中的荷花，初生的小荷叶像铜钱一样圆润，十分可爱小巧。

唐朝人如何知道时间

　　在时代的发展中，涌现出很多先进的发明，给人们的生活提供了许多便利。电灯的发明点亮了黑夜，钟表的发明让人们对时间有了更加准确的认识。

　　2019 年很火的一部电视剧《长安十二时辰》想必很多人都看过，从电视剧的名字上我们就可以得知唐朝不是用小时、分钟或秒来计时，而是用时辰、一盏茶、一炷香等来计时。

　　唐朝的一个时辰、一盏茶、一炷香是多长时间呢？

　　在唐朝，一天有 12 个时辰，一个时辰等于 2 个小时。12 个时辰分别是子时、丑时、寅时、卯时、辰时、巳时、午时、未时、申时、酉时、戌时、亥时。现代社会是以晚上 12 点为一天的结束，唐朝是以晚上11点为第二天的开始。子时即为现在的晚上11点到凌晨1点，以此类推。

夜间时段共有五更，一更是2个小时，从晚上7点开始为一更天，9点到11点为二更天，11点到1点为三更天，1点到3点为四更天，3点到5点是五更天。

一顿饭大约30分钟，一炷香大约是10分钟，一盏茶大约是5分钟。大家在看古装剧的时候，还看到过犯罪的人午时三刻斩首的情节，午时三刻又是几点呢？唐朝时一天共一百刻，一刻是14分钟24秒，由此算出午时三刻是上午11点43分2秒。

唐朝没有钟表，人们又怎么知道时辰呢？

在长安，每晚执金吾以鼓声告知百姓，代表禁夜即将开始。次日晨，钟楼响钟，代表禁夜结束。凡是在闭门鼓后、开门鼓前在城里大街上无故行走的，要笞打20下。如果为官府送信或婚丧之事以及生病请医，在得到巡逻者的同意后才能行走，但不能出城。

具体的时辰，唐朝依靠漏刻来计算。漏刻是古代的计时器，"漏"是带着孔的壶，"刻"是带有刻度的浮箭。漏刻有泄水型和受水型两种：最初用的是泄水型，水从漏壶中流出来，浮箭随着水少而下降，浮箭上的刻度显示时间；受水型是浮箭在壶中，随着水面上升，可以看到时间的变化。为了让壶中的水均匀，古人还发明了多级受水壶。

除了漏刻，唐朝人还有三种看时间的方法。

1. 圭表

在室外立一根棍子，通过观察棍子的影子的倾斜度和长短判断时间。

2. 日晷

把一根棍子插在倾斜的石头的刻度盘上，通过日影来判断时间。和圭表一样，判断时间都没有漏刻精准。

3. 天象

人们远离城市后很难听到鼓声，就从日影和星斗判断时间。另外，唐朝时期，佛教也很盛行，每隔一段路就有寺庙，寺庙每天早晨、中午、黄昏都会敲钟，人们可以通过寺庙敲钟的声音来判断时间。

▶ 小知识

> 洛阳宫阙当中州，城上峨峨十二楼。
>
> 翠华西去几时返，枭巢乳鸟藏蛰燕。
>
> 御门空锁五十年，税彼农夫修玉殿。
>
> 六街朝暮鼓冬冬，禁兵持戟守空宫。
>
> 百官月月拜章表，驿使相续长安道。
>
> 上阳宫树黄复绿，野豸入苑食麋鹿。
>
> 陌上老翁双泪垂，共说武皇巡幸时。

这首诗是唐代诗人张籍的《洛阳行》。诗中的"六街朝暮鼓冬冬，禁兵持戟守空宫"描写的就是大街上早晚都有人敲鼓，告诉百姓时间。当然，皇宫里也有专门的人负责报时。

钱可以存在哪里

当今社会，钱生钱常用的办法就是把钱存进银行，因为银行给利息呀！那么，唐朝人也是把钱存在银行里吗？答案是肯定的。不过，唐朝的银行有一点和现在的银行有很大不同。

现在有很多人嫌银行利息少，如果回到唐朝你就不会抱怨啦。现在银行给你保管钱，还给你利息，在唐朝，一分钱的利息都没有，你还得给银行交"保护费"！

唐朝存钱的地方不叫银行，叫柜坊。柜坊是在唐朝中期出现的，相当于现在的银行，你可以将自己的钱存放在里面，根据存放的数目缴纳一定的费用。

如今，存钱取钱需要银行卡或者存折和身份证。唐朝没有身份证，所以就用信物，例如双方公认的玉佩、双方签订的帖子等。

◆◆ 后世受飞钱影响出现的纸钞

　　如果你认为贷款是现在才有的事情，那么你就太孤陋寡闻了。早在唐朝就有借贷这一说了，和现在一样，把自己的房产或者玉佩等作为抵押物，可以向柜坊借款。

　　有人想，那要是出门要用钱呢？难道要把所有的钱都从柜坊中取出来吗？那岂不是很危险？

　　唐朝人是很聪明的，怎么会带着一堆现金出门呢？在唐朝有一个类似银行卡的东西叫作飞钱。

　　大唐境内几乎各个地方都有经营飞钱的地方，就像取款机一样，在本地经营飞钱的地方把钱存进去，就可以得到一张作为凭证的纸。拿着这张纸在任何一个经营飞钱的地方都能取出钱来。

也有一些人不信任飞钱和柜坊，他们还是选择自己收好钱。唐朝人有以下几个藏钱的好地方：

1. 夹层墙

唐朝的建筑有很多门道，比如说密室、暗道等，这些地方都可以用来藏钱。夹层墙的空间较大，百姓可以把钱放在箱子里，然后再把箱子放到墙里，最后再用泥土或者砖封好。所以，夹层墙是一个十分受重视的地方。秦朝时期，秦始皇焚书坑儒，很多书都被焚烧，有一些被留下来就是当时被藏起来了。据说，当时孔子的后人把书放在墙壁中，官兵来搜查的时候没有找到。后来有人听说了这件事，就想到在墙壁里藏钱。

很多人都把钱藏在墙壁中，虽然保险但是也有弊端。有时候钱是老人藏的，时间长了就忘记了；或者老人突然去世，这个秘密也就随之石沉大海了；或者发生战争、遭遇瘟疫，出去逃难都来不及带走。

2. 地窖

唐朝人家里都会有地窖，平时用于储存蔬菜。把钱藏在地下又称为"窖藏"。贵族人家尤其喜欢把钱藏在地下，他们挖出的地窖就像一个密室。尤其是贪官污吏，他们的钱都是从不正当的地方得来的，如果被偷了，因为这些钱不属于俸禄，所以不会选择报告官府，只能把钱藏好。

有的百姓没有钱去建造密室，就要把钱藏在坛子里，而且有些人为了安全起见，不会把所有的钱放在一个坛子里。百姓在挖坑的时候会把坑挖得很深，最底下放最满的一个坛子，然后埋上许多泥土，再放第二个坛子，最后用泥土埋实。有时候唐朝人担心记不住坛子的位置，所以会在坛子的周围种一棵树作为标记。

如果钱并不多，不够放一坛子或者半坛子，他们就会把钱放在一个小罐里，像今天的存钱罐一样。用的时候把钱从钱罐中拿出来，或者直接将钱罐打碎。在唐朝，这种钱罐也称为"扑满"。

3.房梁

不管把钱放在夹层墙里还是地窖中，取用都不方便。所以百姓就想到了一个取用钱方便的方法，就是把钱放在房梁或者房檐上。

除此之外，古时在建屋上梁的时候，还会特意往梁上放钱，而这种钱又被称为"上梁钱"，不过这种钱通常是一种非流通钱币，是花钱中的一种。古人认为上梁钱可以驱邪辟凶，防小人。越精美的上梁钱越吉利。

▶ **小知识**

张老曰："人世遐远，不及作书，奉金二十镒。"并与一故席帽，曰："兄若无钱，可于扬州北邸卖药王老家，取一千万，持此为信。"

遂别，复令昆仑奴送出。却到天坛，昆仑奴拜别而去。韦自荷金而归。其家惊讶问之，或以为神仙，或以为妖妄，不知所谓。五六年间，金尽，欲取王老钱，复疑其妄。或曰："取尔许钱，不持一字，此帽安足信？"

既而困极，其家强逼之曰："必不得钱，亦何伤？"

乃往扬州，入北邸，而王老者方当肆陈药。韦前曰："叟何姓？"

曰："姓王。"

韦曰："张老令取钱一千万，持此帽为信。"王曰："钱即实有，席帽是乎？"

韦曰："叟可验之，岂不识耶？"

王老未语，有小女出青布帷中，曰："张老常过，令缝帽顶，其时无皂线，以红线缝之。线色手踪，皆可自验。"

因取看之，果是也。遂得载钱而归，乃信真神仙也。

这个故事节选自《太平广记》。扬州北邸卖药王老家经营一家店铺，张老将钱存在这个店铺，张老作为存款方将凭证告诉店铺，而帽子就是凭证，因此，从此处可以看出古代有商人将钱存在店铺的情况，存款人设定一个凭证，有凭证，不用存款人出面也可以取出钱。

科举考试有多难

古人有四大喜事：久旱逢甘雨，他乡遇故知，洞房花烛夜，金榜题名时。隋朝科举制度产生，唐朝科举制度进一步完善后，在每一个唐朝男子的心中，科举占有极大的分量。

唐朝的科举考试最看重什么？参加科举考试拥有哪项技能很重要呢？这两个问题的答案都是诗歌创作。正因为重视，所以唐朝的诗歌才会如此繁荣。唐朝有多重视诗歌呢？有人概括科举考试是"诗赋取士"，意思是通过诗词歌赋的能力来选取能够成为官员的人。

科举考试是怎么考的呢？

唐朝的科举制度包括常举和制举两种，常举是每年进行分科考试，制举是由皇上临时下诏书举行的考试。唐朝科举考试的科目比当代高考的科目多很多，有明经、明法、进士、俊士、秀才等科目。

在众多科目中，进士科的地位最为尊贵。考进士的难度大，而且进士科录取的人数也少。古语云：三十老明经，五十少进士。这句话的意思是一个人30岁考中明经科，那么年龄算大的了；如果50岁考中进士，那年龄算小的了。从这句话就可以看出，明经的题目稍简单一些，而进士的题目稍难一些。如果一个人考中了进士，即使没有被加官进爵，依然会受人崇拜。

进士科起源于隋朝，刚开始的时候只有策论这1个科目，后来又增加了帖经和杂文2个科目。策论是讨论当今政治问题、向皇帝进献的文章，体裁是议论文。帖经和现在的填空题很像，考查考生对儒家经典句子的掌握程度。杂文是写一些典诰誓词、吟讽谣咏等类的文章。从唐玄宗时期开始，杂文出现了诗词歌赋。

进士的考试顺序是帖经、杂文、策论，选拔式考试，只有通过了帖经才能考杂文，通过了杂文才能考策论，考试人数越来越少。虽然帖经是死记硬背的题目，但是考官出题比较偏，不常用，很多考生在第一轮考试就被淘汰了，根本无法展现自己的才华。

唐朝重文轻儒，在考试中，更注重考生的文采。在唐朝，最有前途的人是既有文才又有治国才能的人。

唐玄宗注重文才，为了不埋没那些有文才的人，让他们不因为帖经失败和科举擦肩而过，他想到了一个新的制度——赎帖。

赎帖的意思是对帖经的赎救。如果一个人没有通过帖经考试，但是这个人很有才华，远近闻名，那么他就可以参加补考，考察他作诗的能力，作诗好就可以弥补帖经的不合格而获得下一轮考试的资格。

因为上层对诗词的重视，进士考试中3科有2科和诗赋有关，所以人们也把进士科称为"词科"。

到了中唐时期，进士考试有了新的变化，杂文成为第一场考试，赎帖不用等到帖经考试失败，如果考生预料自己无法顺利通过帖经考试，可以提前创作诗赋。这时候也出现了新的现象——行卷。

行卷是在参加科举考试之前，考生将自己之前创作的诗赋写成卷轴，投递给朝廷中贵族或者高官，让他们将卷轴推荐给科举考试的主考官。如果推荐成功，那么主考官会对考生额外关注。行卷看似不光明，其实依靠的完全是真才实学，含金量颇高。

通过科举制度，许多寒门子弟有了进入仕途、报效国家的机会。最重要的是科举制让社会的阶层和权力具有了流动性，给社会增加了活力，教育、文化艺术都得到了很好的发展。

▶ **小知识**

> 昔日龌龊不足夸，今朝放荡思无涯。
> 春风得意马蹄疾，一日看尽长安花。

这首诗是唐代诗人孟郊的《登科后》。唐朝人把考中进士称为及

244

第，及第后通过吏部的复试被授予官职称为登科。诗人为了考中进士几十年寒窗苦读、劳累奔波，所以在登科后才会如释重负，心情畅快愉悦。

都说"五十少进士"，孟郊先后考了 3 次，终于在 46 岁登科及第。这不仅有他自己的努力，也有他母亲的陪伴、支持和鼓励。孟郊每一次进京都有他母亲的牵挂："慈母手中线，游子身上衣。临行密密缝，意恐迟迟归。谁言寸草心，报得三春晖。"好在皇天不负苦心人，孟郊中年及第，有了官职，报答了母亲的养育之恩。

唐朝男子二十岁会发生什么

在 21 世纪，18 岁是一个人成年的年龄，成年代表一个人心智的成熟，但不代表可以结婚。目前，我国男子的法定结婚年龄是 22 岁，女子的法定结婚年龄是 20 岁。不过在唐代社会，女子成年即可嫁人，男子成年即可娶妻。

在唐朝，男子 20 岁代表成年，要行加冠礼。加冠又称弱冠，"弱"表示男子还不够身强体壮。加冠礼的仪式非常庄严、肃穆，要在宗庙中举行，由行加冠礼男子的父亲主持仪式，还要找一个贵宾来给男子加冠。

加冠礼要行 3 次，分别代表这个男子能够参政、为国效力、参加祭祀。3 次加冠，男子都要戴冠，戴冠之前男子要把头发盘起来，这样男子的头发才能戴上冠。在唐朝，一个男子是否加冠是非常重要的，如果没有加冠，是没有资格参加家族祭祀的，也不能参加国家政治活动。

加冠的仪式和女子及笄的仪式相比，要简便一些。

第一步，确定日子，告知亲友。

加冠礼的时间一般是2月，具体日期要测算，选择一个良辰吉日。确定好日期后，通知亲朋好友。

第二步，选择赞冠者。

仪式的3天前，要用占卜的方法选择一个主持仪式的宾客。

第三步，准备祭祀。

受冠者要准备祭祀天地和祖先的供品。

第四步，祭祀。

仪式当天，受冠者的父亲或者长兄会带着受冠者前往太庙，祭祀天地和祖先。

第五步，接待宾客。

祭祀当天，受冠者、受冠者的父亲和赞冠者都要穿正装礼服接待宾客，将宾客引到指定地方。

第六步，加冠。

仪式当天，受冠者先后要戴3顶帽子。第1顶是用黑麻布做的缁布冠，代表男子可以参政，可以承担社会责任。第2顶是用白鹿皮做的皮弁，是一种军帽，代表男子可以服兵役，保家卫国。第3顶是红黑相间的素冠，表示男子可以参加祭祀典礼。

第七步，款待宾客。

3 次加冠后，要设下宴席款待来宾和赞冠者。

第八步，取字。

礼宾后，受冠者入内拜见母亲，然后由宾赐字。在古代，只有长辈才能直呼晚辈名字，平辈之间都用字相互称呼，一个男子有了字，就代表他已经长大成人了。

第九步，行礼。

有了字之后，受冠男子要向众亲戚、赞冠人行礼，表示感激。然后进入内堂拜见姑姑、姐妹。

第十步，参拜官员。

拜过家人，受冠者要脱下帽子和衣服，换上玄色的礼帽和礼服，带着事先买好的礼品去拜见卿大夫、乡先生。卿大夫是在乡里有官位的官员，乡先生是已经退休的官员。这种种拜见代表着受冠者已是成人，可以出仕做官、成家立业、生儿育女了。

▶ **小知识**

> 潇洒江湖十过秋，酒杯无日不淹留。
>
> 谢公城畔溪惊梦，苏小门前柳拂头。
>
> 千里云山何处好，几人襟韵一生休。
>
> 尘冠挂却知闲事，终拟蹉跎访旧游。

这首诗是唐代诗人杜牧的《自宣城赴官上京》。在唐朝，男子做官也会戴帽子，这里的帽子也可以称为"冠""冠帽"。"尘冠挂却知闲事"中的"冠"便是指做官时戴的帽子，冠代表官职，辞去官职就要摘下帽子。

◆ 南熏殿旧藏《唐名臣像册》中，房梁公头戴冠帽

249

考上科举的生活有多美

现在每个人都为谋生烦恼，想有一个好工作，加班少，有五险一金。在唐朝，很多人都梦想能考上科举，成为朝廷官员。那么，唐朝官员的待遇有多好呢？

唐朝的官员每个月上多少天班不是统一的，而是由官员的阶级决定的。唐朝前期五品以上的官员需要上朝，其他在京含九品及以上的文武官，每月初一和十五上朝。

他们很早就要起床，原因是唐朝时期，朝廷要求官员5点之前要进入皇宫大门。如果迟到了，官员会受到很严厉的惩罚。

要上朝的官员们一般三四点起床。晨鼓敲响后，坊门和宫门会相继打开，官员就可以准备去皇宫。在皇宫门口，官员需要拿出鱼符，守卫检查之后就可以进入皇宫。

虽然很累，但是官员们的待遇是非常好的。

政府规定每个月都会根据官员的等级发放禄米，此外亲王以下的二品官员，每个月会得到20头羊、60斤猪肉。三品官员每个月可以得到12头羊，四品、五品官员每个月可以得到9头羊。

另外，通过科举考试做官的官员可以免除徭役。不仅是自己，就连亲属也可以免除徭役。

在住房方面，唐朝的官员一旦任职，朝廷就会分给他一个住处，官职小的官员住在宿舍，官职大的官员有单独的住处。但是，在官员70岁退休的时候，住处是要还给朝廷的。

在出行方面，官职高的官员出门会有马车或者马匹乘骑，官职低的官员就只能步行。

在教育方面，官员的子女可以享受优先入学的权利。

如果你生活在唐朝前期，还是一个正三品的京官，那么你不仅每年可以得到400石禄米、900亩职分田、38名杂役，而且朝廷每天还会给你9盘食料，包括细米、粳米、白面、酒、羊肉、酱汁、醋、瓜、青菜。如果你去上班了，还可以在工作的地方吃到免费的午餐。

每逢元旦和冬至，唐朝皇帝还会赏赐布料、金银宝器、杂彩等给官员。根据官员的等级，朝廷还会给官员发放不同场合所穿的服装。

如果官员本人或者父母、祖父母去世，朝廷还会给绢、布、绵等布料作为补贴。

每隔 3 年，朝廷都会对官员进行考核，如果业绩突出，会给官员升职，增加俸禄。如果官员的表现不好，则被降职，减俸禄。

等官员到了 70 岁，就该退休了，这时朝廷会给退休的官员举办一个退休仪式。官员退休之后，不代表他们就一定要返回原籍养老或者离开朝廷。

如果退休之前，官员的官职在三品以上，那么即使退休了，他还是可以留在朝廷，参议国家大事。

如果退休之前，官职在五品以上，退休之后也可以享受退休前一半的俸禄，如果这位退休的官员在任职时曾颇有建树，劳苦功高，那么他退休之后，将可以得到和退休之前一样的俸禄。

若是退休前的官职在六品以下，在退休之后虽然没有俸禄，但是朝廷也不会从此不再理会，以致他们晚年生活衣不蔽体、食不果腹，而是会赐给他们田地，以供其养老。据说旧制前四年给半俸，天宝时下令给至终身。

可见，唐朝官员的待遇是很不错的，所以有很多年轻学子要立志考科举做官。

> 翠柏苦犹食，晨霞高可餐。
>
> 世人共卤莽，吾道属艰难。
>
> 不爨井晨冻，无衣床夜寒。
>
> 囊空恐羞涩，留得一钱看。

　　这首诗是唐代诗人杜甫的《空囊》。有很多人都会有这样的疑惑：杜甫一生也做了很多官，比如左拾遗、检校工部员外郎，其中检校工部员外郎是从六品官员，为什么他还一直穷困潦倒呢？原因是杜甫的官职多为虚职。

　　杜甫能够成为检校工部员外郎是依靠朋友严武的帮助，因为是虚职，不需要上班。他的俸禄也是节度使严武从自己的办公经费中开销的。其实，杜甫的一生几乎没有实实在在做过官，他的好几个官职都没有实权。所以，杜甫的生活一直十分贫苦。

关于上学堂这件事

科举制度是从隋朝开始创立的，到了唐朝，科举制度越来越完善。只要考生能通过科举考试，就能在朝为官，享受俸禄，衣食无忧。所以，父母对孩子的教育非常重视。

唐朝的学校分为两种：一种是官学，另一种是私学。官学是由中央或者地方政府创建的，官学既是学校，也是政府机构，所以里面的老师也是官员。官学的学生多数是官员的子女，也有部分平民百姓家的孩子。

在官学上学，学费全免。学校的经费由政府出资，或者由富商或善人捐赠。官学不仅不收学费，而且吃和住都是免费的。待学生学成之后，在科举考试之前，学校还可以给学生安排一份工作养家糊口。

在唐朝，六学二馆是中央直接设立的官学。六学指的是国子学、太学、四门学、律学、书学和算学，六学隶属于国子监。二馆指的是弘文馆和崇文馆，分别隶属于门下省和东宫。

国子学、太学和四门学的学生大多是官员的子女或者是皇亲国戚，想要孩子进入国子学、太学和四门学，官员的等级分别要在三品、五品、七品之上。律学、书学和算学的学生大多是八品以上官员的子孙，一般庶人能通习本学科而有志愿研究的，也有权利入学肄业。而弘文馆和崇文馆大多是皇族勋戚子弟，算是全国学校中最贵族的学校。

不同的学校，容纳的学生数量也是不同的。国子学有300名学生，太学有500名学生，四门学有1300名学生，律学有50名学生，书学有30名学生，算学有30名学生。

贞观元年（627），国子学改称国子监。国子监的教师有24人，学校里一共有3个管事的，一个是监内祭酒，是最高的教育行政长官，类似于今天的校长；一个设丞，类似于今天的班主任，负责监管学生的学习；一个主簿，类似于今天的教导主任，掌管学生的学籍等。

唐朝的官学以传授儒家经书为主。他们所教授的儒家正经分为大经、中经和小经。《礼记》《左氏春秋》是大经，《毛诗》《周礼》《仪礼》是中经，《周易》《尚书》《穀梁春秋》《公羊春秋》是小经。大经、中经和小经各会一本就可以称为"通三经"。大经与《孝经》《老子》《论语》并通，就可以称为"通五经"。

除了官学，唐朝还有私学。

中国最早的私学是孔子创办的。私学和政府没有关系，而且私学的老师也不是官员。学生去私学要交学费，如果考生交不起学费，可以用布料、肉、做工等方式代替。

唐代有一种私学是私塾，从经费来源区分，有塾师自己办的教馆、学馆、村校；有地主、商人聘请私塾先生在家教读子弟，称教馆或家馆；还有用祠堂、庙宇的地租收入或私人捐款兴办的义塾。

在唐朝，对平民来说，最便宜的学校是佛学院。佛学院对学生的要求很简单，只要学生学习认真、刻苦努力，就不用支付学费，而且学得好的学生还能得到奖励。

现在的学生都感觉学习很累，因为有各种各样的考试，随堂测试、周考、月考、期中考试、期末考试。而唐朝的学生也有旬考、岁考等。

旬考是每 10 天考 1 次，岁考是每年考 1 次。在这些考试中，如果一个考生连续 3 年考试都不合格，那么，学校就会劝退他。

如今，学生的考勤有非常严格的制度，每天几点到学校，上几节课，每节课多长时间，几点放学都是规定好的。在唐朝，学生的考勤制度和学校的性质有关。官学的考勤制度很严格，但是，私塾的作息时间就较为松懈，天亮去上学，下午放学。

现在学生一周上学 5 天，休息 2 天。唐朝没有星期这一说，只有上旬、中旬、下旬、月、季，因此唐朝是每 10 天休息 1 天。和现在不同的是，学生还有 2 个额外的假期：田假和授衣假。田假是在 5 月，因为 5 月是农活最忙的时候，所以学校给学生放假，让学生回去帮家里干农活。授衣假在 9 月，是要学生回家准备冬天的衣服。这两个假期都是 15 天。

▶ **小知识**

> 三更灯火五更鸡，正是男儿读书时。
>
> 黑发不知勤学早，白首方悔读书迟。

这首诗是唐代诗人颜真卿的《劝学》。时间都到了三更，可是勤奋的考生还在努力学习。现在很多学生会因为写作业，学习到很晚，但其实唐朝的考生也是有作业的，而且作业并不比现在少。

唐朝的考生需要背诵许多文献，例如《十三经》。这套《十三经》有几十万字，相比之下，今天的学生学语文要背的古诗和文言文不算多，也不算很难。